Reinaldo Domingos • José Santos

ALMANAQUE DO dinheiro COM EDUCAÇÃO FINANCEIRA

Uma história de trocas, moedas e muito mais...

dsop editora

Ilustrações Orlando

Autores
José Santos e Reinaldo Domingos

Ilustrações
Orlando Pedroso

Consultoria - História econômica
Laerte Apolinário Júnior

Editor-chefe
Guilherme Correa

Assistente editorial
Paloma Comparato

Assistente de pesquisa
Miguel Worcman

Projeto gráfico, edição de arte e diagramação
Marisa Corazza

Editora de texto
Catarina Arimateia

Revisão de texto
Denise Alonso

dsop editora

Rua Alba, 88 - Parque Jabaquara
São Paulo - SP - Brasil
CEP: 04346-000
www.editoradsop.com.br

Dados Internacionais de Catalogação na Publicação (CIP)
(Câmara Brasileira do Livro, SP, Brasil)

Santos, José
Almanaque do dinheiro com educação financeira : uma história de trocas, moedas e muito mais-- / José Santos, Reinaldo Domingos. -- São Paulo : Editora DSOP, 2025.

ISBN 978-85-8276-692-7

1. Almanaque 2. Dinheiro - Administração
3. Educação financeira 4. Finanças - Planejamento 5. Finanças pessoais I. Domingos, Reinaldo.
II. Título.

25-263992 CDD-332.6

Índices para catálogo sistemático:
1. Educação financeira : Economia 332.6
Eliete Marques da Silva - Bibliotecária - CRB-8/9380

APRESENTAÇÃO

Estamos muito felizes em concluir mais uma obra juntos. Mais um filho nasce e, com ele, a certeza de levar a todos a possibilidade de conhecer a história do dinheiro, dessa vez com o ineditismo de estar integrada à educação financeira.

Agora você pode mergulhar no túnel do tempo e entender que temos dois importantes aliados em todas as fases da nossa vida: o Escambo e o Tempo.

Ótima leitura!

AGRADECIMENTOS

Agradeço a Selma Maria Kuasne, Miguel Worcman, Paloma Comparato, Cíntia Senna, Laerte Apolinário Júnior e ao Museu do Dinheiro (Lisboa).
José Santos, *autor*

Agradeço a todos os empreendedores DSOP, em especial à equipe editorial liderada pelo Guilherme Corrêa.
Reinaldo Domingos, *autor*

FRED E SEUS AMIGOS VÃO AO MUNDIN

O **Fred** andava encasquetado com um monte de coisa. Vivia perguntando para sua vó sobre tudo. Como isso, como aquilo, e a dona **Alice** respondendo o que conseguia. Durante uma ida ao mercado na companhia do neto, que ajudava a pôr os produtos na sacola e via sua vó pagar aquela compra toda, ele faz uma importante pergunta: "mas, vó, como é que surgiu o dinheiro?".

Mesmo trabalhando tantos anos como bancária, ela ficou atrapalhada, pois não sabia dizer ao certo quando, por que e como o dinheiro tinha surgido. E resolveu o seguinte: "Fred, pode chamar seus amigos, que esse final de semana vamos ao Mundin!".

É, Mundin, o Museu Universal do Dinheiro. Lá tem de tudo: vitrines, painéis, cavernas de vídeo, árvores de vídeos, palco multimídia, as tecnologias mais modernas. Com um conteúdo que vem dos primeiros homens, ele passa pela briguenta Antiguidade e pela busca do sal, da prata e do ouro, e dá voltas ao mundo nas caravelas. Cria máquinas, fábricas e cidades. E nas páginas deste livro você vai encontrar em primeira mão tudo o que eles aprenderam nessa visita.

Além de sua vó, Fred vai acompanhado de seu melhor amigo, o **Nico**, e da **Ditinha**, colega da sala deles. A guia **Maiara** trabalha há anos no museu e vai acompanhar o pessoal na visita.

Você também verá a participação de dois personagens bem especiais, dois violeiros dos bons, dos melhores: o **Chico do Bolso Furado** e o **Maneco Nômico**, que sempre têm uns versinhos para soltar acompanhados do som gostoso da viola.
Se quiser acompanhá-los, o convite está feito. E nem precisa sair do lugar. Vire a página e vamos começar!

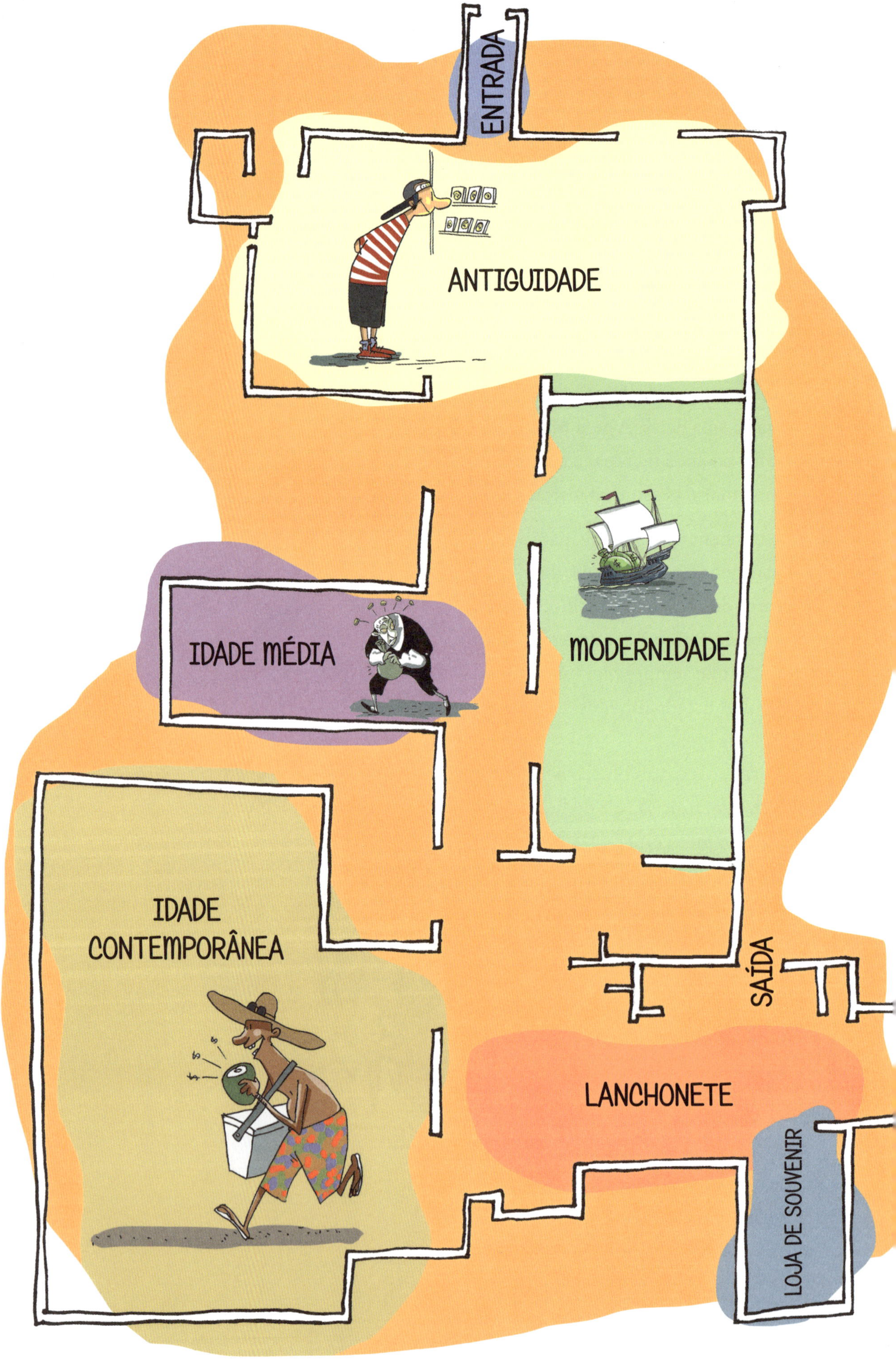
ENTRADA
ANTIGUIDADE
IDADE MÉDIA
MODERNIDADE
IDADE CONTEMPORÂNEA
SAÍDA
LANCHONETE
LOJA DE SOUVENIR

SUMÁRIO

ANTIGUIDADE

Eu aqui venho contar
No meu verso improvisado
Da visita num museu
De um grupo qualificado
E no mundo do dinheiro
Ficaram um dia inteiro,
Foi grande o aprendizado.

CHICO DO BOLSO FURADO

Começaram num salão
Que mostra a antiguidade,
Com gente fazendo troca
Por pura necessidade.
As moedas aparecem
E as facilidades crescem
Na vida da humanidade.

MANECO NÔMICO

ONDE TUDO COMEÇA...

Vamos começar neste salão, onde falaremos das trocas, o primeiro tipo de relação comercial entre as pessoas. Para a gente poder estudar de uma maneira mais organizada a comprida História Universal, ela foi dividida em períodos. O que chamamos de Pré-História começa com o surgimento da espécie humana e vai até aproximadamente 3.500 anos a.C., quando apareceram os primeiros indícios da escrita e dos números. É por ela que nós vamos começar.

Gente, parece estranho pensar que já houve um tempo em que não existia dinheiro, né? Hoje, ele é coisa comum, todo dia eu pego minhas notinhas para comprar o pão quentinho na padaria. Mas antigamente não tinha moeda, nota ou cartão. As pessoas conseguiam coisas por meio do escambo, que nada mais é que uma troca. Fico até pensando como era... Um cavalo por 100 lanças? Uma tartaruga por cinco espigas de milho?

"SER" OU "TER", EIS A QUESTÃO!

Na Pré-História, durante o período Neolítico, as pessoas deixaram de ser nômades* ao perceberem que a agricultura e a domesticação de animais geravam uma fonte de alimento mais segura do que a caça e a coleta. Com isso, passaram a construir casas, criar animais e a plantar seus próprios alimentos.

Muitos milênios se passaram, mas o desejo de ter estabilidade continua presente ainda hoje, levando a maioria das pessoas a procurar empregos mais regulares, fazer poupança e investir em outras fontes de renda para garantir uma boa qualidade de vida e um futuro mais seguro, não é mesmo?

Foi graças ao sedentarismo, ou seja, esse modo de levar a vida fixa em algum lugar, que as sociedades se desenvolveram ao longo dos anos e se tornaram o que são hoje. Sabemos que esse fenômeno também tornou possível o desenvolvimento de diferentes culturas, tradições e identidades. É porque cada povo vive em um lugar que ele é único com suas múltiplas formas de ver o mundo.

Todos temos necessidade de pertencimento, quer dizer, de nos sentir aceitos nos grupos, e é claro que nos dias atuais isso passa muito sobre o que se tem e o que se compra. Mas mais importante do que "ter", é sempre "ser". A busca pela realização dos sonhos e pelo sentido da vida vão muito além de acumular bens, e este é o caminho para uma educação financeira saudável.

A diferença entre o dinheiro e o amor é que o dinheiro é mais facilmente encontrado. Anônimo.

* *As palavras sublinhadas estão no glossário, na página 68*

Cientistas descobriram entre os <u>sumérios</u> uma organização de equivalências, que são como acordos sobre quanto vale cada coisa. Ou melhor, é quando se decide que um objeto é capaz de ser trocado por qualquer outro. E a primeira medida foi a cevada. Imagine só, trabalhar duro o mês todo para ganhar um belo pote cheio de cevada!

DA CEVADA AO @

Nos dias de hoje, encontramos essa prática milenar do <u>escambo</u>, mas num contexto bem diferente. Por exemplo, muitos influenciadores digitais trocam sua visibilidade e alcance nas redes sociais por produtos ou serviços oferecidos por empresas. Essa prática, hoje conhecida como permuta, traz vantagem para os dois lados: o influenciador consegue engajamento para a marca e, ao mesmo tempo, ganha os chamados "recebidos", sem que isso coloque em risco sua reputação profissional.

Assim como o escambo da Antiguidade, a permuta moderna não envolve uma transação monetária direta. Ou seja, o dinheiro não intermedia a troca.

O POVO SUMÉRIO

CANTEI O POVO SUMÉRIO
QUE É GENTE INTELIGENTE
E NUMA TERRA ENTRE RIOS
CRIA UM INVENTO POTENTE:
ESCRITA EM TÁBUAS DE BARRO
PRA FALAR DE GADO E GENTE.

ORLANDO

SAL, SALÁRIO E OUTROS SALGADOS

Já na Roma Antiga, não era a cevada que fazia sucesso. Outro insumo era raro e muito valioso. Valioso a ponto de ser parte do salário dos trabalhadores. O sal. Inclusive, a palavra salário surgiu por causa disso. Em latim, a língua que falavam naquela época, dizia-se ***salarium***.

MUROS, TEMPLOS E RECURSOS

Ruínas do zigurate de Ur.

Você já deve ter ouvido falar das famosas cidades-estado da Antiguidade. Elas eram centros de poder, comércio e cultura. Suas estruturas e organizações mostravam como coletivamente era possível realizar e construir grandes coisas.

Os zigurates, grandes templos construídos em cidades como Ur, simbolizavam a importância da religião e das necessidades espirituais nas sociedades antigas. Já a construção de muros e outras defesas nas cidades-estado era crucial para proteger contra invasões, exigindo muitos recursos e colaboração da população.

Hoje, ainda que com diferenças, nós também temos responsabilidade coletiva. Da mesma forma que as cidades-estado mobilizavam seus recursos e riquezas para prosperar, hoje o dinheiro é o que garante a sustentação das cidades e do país, a produção de matérias-primas, a criação de hospitais, e tudo o mais.

Em âmbito individual, é o dinheiro que nos permite ter uma casa, sustentar nossa família, estudar, viajar, realizar sonhos! Seja qual for o caso, saber administrar nosso dinheiro com sabedoria pode nos ajudar a ter maior estabilidade na vida.

Hoje, em vez de cevada ou sal, trocamos coisas por dinheiro. Podemos usar dinheiro para pagar uma viagem para conhecer novas culturas, por exemplo. Nesse caso, o dinheiro é utilizado como meio para garantir a viagem, mas a finalidade é conhecer outras culturas. Caso contrário, o uso do dinheiro é interpretado como sendo sem propósito, ou seja, viajar por viajar, fazer um curso por fazer, sem um objetivo definido. Na verdade, é o que você quer com essas experiências que demonstram o uso consciente e correto do dinheiro.

Se não acumulaste na sua juventude, como queres encontrar em tua velhice? Eclesiastes 25:3

IMAGEM: DOMÍNIO PÚBLICO

Rei Midas com sua filha, da edição de Nathaniel Hawthorne de 1893 de *A Wonder-Book for Girls and Boys*.

O REI MIDAS VISITA A LÍDIA

Você já ouviu falar do rei Midas? Rei ganancioso da mitologia grega, ele governava a Frígia. Diziam que o deus Dionísio deu a ele o poder de transformar tudo que tocasse em ouro. No começo, ele até gostou, mas depois viu que não era tão bom assim, pois não conseguia comer uma fruta nem abraçar quem ele gostava... Desesperado, lavou bem suas mãos no rio Pactolo, o que fez com que se livrasse da maldição. E adivinhem só onde ficava o rio: na Lídia! Reza a lenda que é por causa disso que esse rio tinha tanto electro (uma liga de ouro e prata). O governante da região mandava garimpar o rio para fazer moedas metálicas, as primeiras da História, próximas das que conhecemos hoje.

RIMAS DO REI

O rei Midas viveu na Grécia Antiga,
Habitou as histórias desse povo,
E para falar dele nada é novo,
Mas isso não impede que eu prossiga.
Adorava fazer uma intriga,
E gostava demais de ter dinheiro.
Vaidoso, orgulhoso, interesseiro,
A toda sua gente explorava.

Dos deuses levou boa bordoada,
Um castigo duro e bem certeiro:
Virava ouro tudo o que tocasse,
Comida ou parente que abraçasse,
Sua lenda correu o mundo inteiro.

IMAGEM GERADA POR IA.

Estáter de Electro da Lídia.

Rainha Cleópatra representada em tetradracmas de prata.

A cada trecho da exposição, eu vou ficando mais sabida. Aqui é incrível! O Egito Antigo foi uma das mais importantes civilizações da História e durou quase 3 mil anos! Para quem não sabe, o Egito fica na África e uma das suas governantes mais famosas foi a Cleópatra. Ela era esperta, inteligente. Conseguiu criar estabilidade no seu reinado por meio de um acordo com o Império Romano. Uma pena que não durou muito. Os romanos não eram muito fáceis de lidar. Olhem aqui essas moedas, todas com o rostinho da rainha Cleo.

O IMPÉRIO AFRICANO DE AXUM

Já que falamos dos romanos, na época deles havia também o Império de Axum, no continente africano. Os axumitas foram superimportantes! Faziam parte da rota comercial entre Roma e Índia e, além disso, tinham também suas próprias moedas. Logo abaixo, dá pra ver, do lado da Cleópatra, umas moedas com o rosto do Ezana, um dos reis de Axum.

A prata fala, mas o ouro grita.

Provérbio tradicional africano.

A CHINA E SUAS RIQUEZAS

A casa da moeda mais antiga de que se tem notícia fica na China. Encontraram lá evidências de cunhagem de moedas em grande quantidade, todas passando por um controle de qualidade e padronização. Feitas de bronze, ficaram conhecidas como "moedas pás". E sabe em que época isso acontecia? De 640 a 550 a.C.! Muito tempo atrás!

IMAGEM GERADA POR IA.

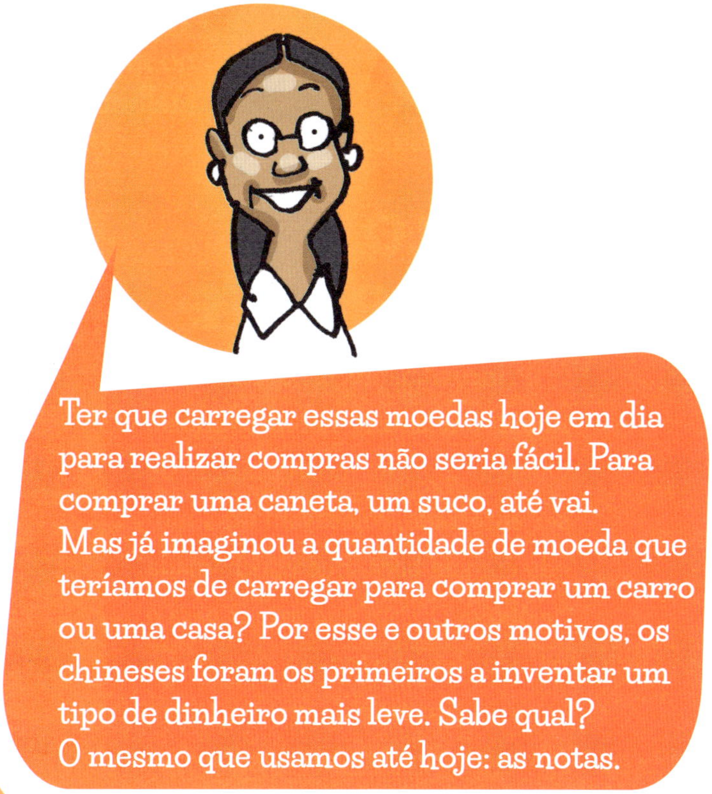

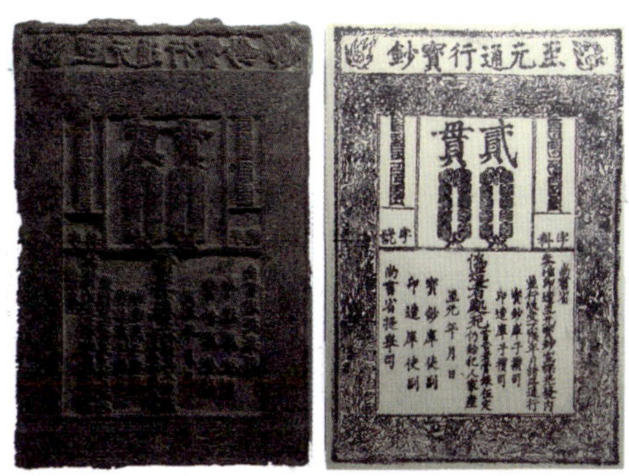

Chao, nota de dinheiro oficial da dinastia Yuan na China.

O ouro tem um preço, mas a afeição e a justiça não têm preço nenhum. Provérbio tradicional chinês.

Eu estou adorando esse museu. Nesse painel vemos várias dracmas, que eram as moedas utilizadas em muitas das cidades-estado da época, como Atenas e Esparta. A dracma é teimosa, ela existiu até os anos 2.000, acreditam? Enfim, o que achei engraçado é que as dracmas podiam também pagar para você ter um recado da deusa Íris, que era a deusa do arco-íris. Você dava uma moeda e ela transmitia uma mensagem no meio de uma névoa. Dar uma moeda para a Íris era melhor que para o Caronte...

Dracma de prata, datado de 229 AC.

ÓBOLO DE CARONTE

Principalmente na Grécia e em Roma havia um hábito curioso. Quando alguém morria, antes de ser enterrado, colocavam uma moeda em sua boca, que era chamada de óbolo. Diziam que para ir para o mundo dos mortos era preciso fazer uma travessia de um rio, com o famoso barqueiro Caronte. Para garantir que ia dar tudo certo, quem estava do lado de cá sempre deixava uma moedinha com o defunto para agradar o barqueiro.

Na esquerda, temos Caronte em seu começo de carreira, batendo papo com Psiquê, uma pintura a óleo do inglês John Roddam Spencer Stanhope. Acima, está o mesmo personagem no vigor da maturidade, numa gravura em metal do francês Gustave Doré. Ele fez 136 gravuras para o livro *A Divina Comédia*!

DEUSES ACEITAM PIX?

Os costumes antigos que os gregos e os romanos tinham em relação a Íris e a Caronte mostram crenças e valores das sociedades ligadas ao papel do dinheiro. A importância do dinheiro nessas práticas era simbólica e espiritual, e não apenas material.

As moedas eram consideradas tão valiosas que poderiam até mesmo "comprar" uma "viagem" tranquila para o além ou "pagar" para obter favores divinos ou espirituais durante a vida. Nesse sentido, os dois rituais destacam o papel do dinheiro como um elo entre o mundo terreno e o espiritual, quase como se o dinheiro também fosse valioso para o pessoal lá de cima. Mas imagine como seria hoje: será que as divindades aceitariam Pix?

No mundo atual, essa relação entre dinheiro e crenças espirituais ainda se manifesta. Em vez de moedas deixadas para Caronte ou Íris, hoje vemos pessoas fazendo doações para igrejas, templos ou instituições de caridade para ajudar aqueles que precisam, mas muitas vezes também na esperança de garantir bênçãos, perdão ou um lugar no céu.

No fim, não é sobre o que o dinheiro é capaz de comprar, mas o que ele pode nos proporcionar. No caso da relação entre dinheiro e crenças, ainda que não haja garantia de resultado, o dinheiro promove segurança, esperança e até mesmo um certo poder e controle sobre a vida e sobre o nosso destino final.

LINHA DO TEMPO
capítulo 1

1: Pré-História - escambo

» Do surgimento do homem até 3.500/3.000 a.C. (que é o surgimento da escrita)

2: Por volta de 3.000 a.C.

» Utilização de um equivalente como sal ou grãos nas trocas comerciais

3: Por volta de 600 a.C.

» Surgimento das primeiras moedas de metal

4: Por volta de 500 a.C.

» Na Grécia Antiga, surgem as primeiras moedas cunhadas pelo Estado

5: Por volta de 27 a.C.

» Popularização das moedas de prata e ouro graças ao Império Romano

A riqueza não consiste em ter grandes posses, mas em ter poucas necessidades. Epicteto, filósofo grego, séc. I - II d.C.

Deusa Hindu Lakshmi (1896), de Raja Ravi Varma.

Para ajudar nos problemas que vinham com a riqueza, ou com a falta dela, vários povos tinham deusas só para isso. A deusa da fortuna tinha sua versão grega, romana, indiana e até japonesa! Mais do que só dinheiro, elas eram responsáveis pelo acaso da vida, quer dizer, como as situações iam se desdobrar, com sucesso ou não. Eram conhecidas principalmente pela prosperidade, o que não está necessariamente vinculado ao dinheiro. Por que não adianta ter um monte de dinheiro se não se sabe o que fazer com ele, não é mesmo? É o que nos ensinou o rei Midas, lembram?

Moedas da Roma Antiga.

AFINAL, PARA QUE SERVE O DINHEIRO?

O dinheiro tem três funções: como meio de troca, como unidade de conta e como reserva de valor. É meio de troca porque é dando dinheiro que conseguimos bens ou serviços na nossa sociedade. Ele também nos ajuda a entender quanto vale cada coisa, por isso é uma unidade de conta.

Por fim, esse nome difícil, reserva de valor, quer dizer que o dinheiro é uma riqueza que pode ser guardada, reservada e preservada ao longo do tempo.

Mas e se eu disser que a melhor função do dinheiro não é nenhuma dessas descritas pelos economistas de plantão? Afinal, o dinheiro serve mesmo como um meio para as pessoas realizarem seus sonhos e necessidades, e propósitos de vida.

O DINHEIRO PODE COMPRAR TUDO?

Os imprevistos sempre fizeram parte da vida humana, mas a forma como lidamos com eles evoluiu ao longo do tempo. Certamente, na Antiguidade, ninguém precisava se preocupar com a troca de um *smartphone* quebrado, mas colheitas destruídas por pragas, invasões de inimigos ou até mesmo desastres naturais, como enchentes e secas, provavelmente eram situações imprevisíveis que tiravam o sono dos povos daquela época. E, nessas horas, era literalmente um Deus nos acuda, ou melhor, deuses nos acudam.

Embora a religiosidade desempenhasse um papel central levando muitos a recorrerem à proteção divina, as sociedades antigas também adotavam soluções práticas, como o armazenamento de alimentos, sistemas de redistribuição de recursos e até mecanismos rudimentares de seguros comunitários.

Atualmente, enfrentamos desafios diferentes, mas a necessidade de precaução continua essencial. Se no passado as pessoas contavam, por exemplo, com rituais e estoques para se protegerem dos imprevistos, hoje dispomos de ferramentas mais avançadas de planejamento financeiro que surgiram como mecanismos estruturados para mitigar perdas inesperadas. Orçamentos bem estruturados, reservas estratégicas, múltiplas fontes de renda, seguros de saúde, de vida, patrimoniais e até mesmo de renda garantem proteção contra diversos riscos, reduzindo a vulnerabilidade financeira individual e coletiva.

Pobre não é o homem que tem pouco, mas o homem que anseia por mais. **Sêneca** - filósofo, dramaturgo e estadista romano, séc. I d.C.

IDADE MÉDIA

ESTOU CÁ NA IDADE MÉDIA,
QUASE MIL ANOS DUROU!
FEITA EM BRONZE, OURO, PRATA,
A MOEDA CIRCULOU.
ERA UM BOM MEIO DE TROCA,
REDONDA, ROLOU, ROLOU.

CHICO DO BOLSO FURADO

OS CHINESES USAM CÉDULAS,
QUE É DINDIM EM PAPEL.
A ÁFRICA SE DESTACA,
OURO ATÉ CHEGAR AO CÉU.
NA EUROPA SURGEM BANCOS,
DINHEIRO VIRA UM TROFÉU!

MANECO NÔMICO

O FIM DE UM IMPÉRIO, O INÍCIO DE UMA ERA

A Idade Média, ou Era Medieval, é um período da História muito interessante, e o dinheiro sofre transformações, seja na Europa, na África ou no Oriente Médio. Você se lembra dos romanos? Pois é, depois de arranjar briga com um monte de gente, o Império foi invadido pelos povos germânicos e se enfraqueceu. Os historiadores consideram este o marco de início do medievalismo: a queda do Império Romano do Ocidente. Isso acontece em 476 d.C. e vai até meados do século XV. A época medieval é marcada por avanços na produção agrícola e no comércio, mas também por muitos conflitos, epidemias e guerras.

Gente, bem-vindos à segunda ala do nosso museu. Aqui, a gente vai ver como se desenvolveu o dinheiro na Idade Média. A primeira informação que eu quero passar para vocês é que durante esse período houve um momento de queda no uso das moedas, mas que logo retornou. Foi só bem no começo que a economia passou a se centrar em trocas locais e o comércio entre diferentes povos diminuiu, mas não nos ricos impérios, como o Bizantino, o do Mali e o Califado Islâmico.

ORLANDO

IMAGEM: DOMÍNIO PÚBLICO

FEUDALISMO

Esse era o nome da organização social, política e econômica que perdurou nesse período, especialmente na Europa Ocidental, mas também em lugares como o Japão. Os feudos eram pequenas construções como fortalezas, onde viviam grupos com funções bem determinadas, que garantiam a realização de tarefas do dia a dia. Dentro dos feudos, a maioria das trocas era feita diretamente, sem uso de dinheiro, embora algumas coisas fossem pagas com moedas, como taxas feudais e produtos de outros feudos.

ERA UMA VEZ UM FEUDO...

SHUTTERSTOCK

Representação da hierarquia social do feudalismo, composta pelo clero, pela nobreza e pelos camponeses.

As pessoas que viviam nos feudos tinham tarefas bem definidas. Suas funções na sociedade eram essenciais para garantir que o dia a dia do lugar funcionasse bem. Talvez você já tenha visto nas aulas de história essa imagem ao lado, que representa como eram organizados os grupos sociais nessa época.

Essa pirâmide demonstra que havia uma clara hierarquia entre suas partes e ninguém podia sair de uma posição e ir para outra. É claro que no alto da organização estavam os monarcas, seguidos pelos nobres.

E na base, os trabalhadores braçais, principalmente camponeses, é que garantiam as funções básicas do feudo.

Hoje sabemos que as posições sociais não são tão rígidas assim, e que é possível pessoas muito ricas perderem todo ou muito do seu dinheiro se não tiverem uma boa educação financeira. Da mesma forma, pessoas com menor condição financeira podem se tornar bem-sucedidas e independentes financeiramente.

O importante é que todas as pessoas adotem um orçamento financeiro inteligente e saudável, assumindo o controle de seus ganhos e gastos e, principalmente, priorizando a realização de seus sonhos e necessidades.

Mais do que riqueza, quero paz.

Ludovico Ariosto (1474-1533), poeta italiano.

FREEPIK

E FALANDO EM NOTA...

Como você já viu, o dinheiro feito de papel foi inventado na China muitos anos atrás, no ano 100 d.C. Em um primeiro momento, ele era utilizado como notas promissórias, quando uma pessoa prometia à outra por escrito que pagaria a dívida no prazo estabelecido pelas partes. Depois, tornaram-se tipos de cédulas, como conhecemos hoje.

Que engraçado! Parece que existiu um cara com o mesmo nome da brincadeira que eu e o Nico fazemos sempre na piscina! Aquela em que o pegador, de olhos fechados, grita "marco" e os demais respondem "polo". Pois é, Marco Polo, isso sim é nome criativo. Pelo que estou vendo aqui, esse viajante italiano quando chegou à China ficou encantado com esse dinheiro tão prático de se carregar. As notas eram feitas de cascas de amoreira e só valiam mesmo se tivessem um selo vermelho do imperador que governava a região.

Marco Polo, viajante italiano.

IMAGEM: DOMÍNIO PÚBLICO

A pobreza não tira a nobreza a ninguém, a riqueza sim. Giovanni Boccaccio (1315-1375), escritor italiano.

Você está achando o nome Marco Polo curioso? É porque você não viu este aqui: Mansa Musa I. Durante a Idade Média, ele governou o reino do Mali, no oeste da África, que era gigantesco e tinha muito sal e ouro, duas coisas valiosíssimas naquela época.

Ele tinha tanto, mas tanto ouro, que durante uma viagem parou na cidade do Cairo, no Egito, e presenteou o sultão local com uma quantidade absurda do mineral dourado. Além disso, as compras feitas por sua comitiva de milhares de funcionários, todas pagas em ouro, fizeram uma bagunça na economia do Cairo, causando uma <u>inflação</u> monetária. Isso porque a abundância do mineral no mercado fez com que ele perdesse muito do seu valor. Dizem que a recuperação da economia local levou 12 anos!

IMAGEM: DOMÍNIO PÚBLICO

Mansa Musa, governante da Idade Média do Reino do Mali, no oeste da África.

EXPLICANDO A INFLAÇÃO

Quem nunca ouviu essa palavra difícil na boca de um jornalista na TV? Ela é complicada mesmo, tem muita gente que não sabe o que quer dizer. De um jeito fácil, podemos dizer que inflação é o processo que leva o preço das coisas a aumentar ao longo do tempo. Mas quando o preço das coisas aumenta muito em pouco tempo, significa que a inflação está muito alta. No caso da história que a Ditinha contou, a inflação foi causada pela grande quantidade de ouro levada pela comitiva do Musa. Isso fez com que as moedas locais se tornassem menos valiosas, ou seja, que perdessem seu valor de compra.

O DINHEIRO NA LITERATURA

O tema do dinheiro era muito comum entre autores medievais, tanto na filosofia, quanto na literatura. Livros muito conhecidos, como *A divina comédia* e *As mil e uma noites*, têm trechos sobre o tema. O nosso violeiro Maneco chegou até a fazer versos sobre os avarentos, ou pães-duros, que ele encontrou em *A divina comédia*. Essa obra é toda escrita em versos, são mais de 14 mil.

Dante Alighieri, autor de *A divina comédia*.

IMAGEM: DOMÍNIO PÚBLICO

O DINHEIRO NAS 1001 NOITES

De tradição árabe, a obra *As mil e uma noites* é composta por uma coleção de contos populares que foram sendo colhidos e editados ao longo dos séculos. Por isso, é difícil especificar sua versão original. Mas várias de suas histórias trazem a riqueza como tema, como em *O mercador e o gênio* e *O homem rico que perdeu o dinheiro e o juízo*.

O LIVRO DA DIVINA COMÉDIA

VOU CANTAR A COMÉDIA, QUE É DIVINA,
DESCREVENDO OS CASTIGOS DO INFERNO,
O AVARENTO TEM UM TRABALHO ETERNO:
EMPURRA PEDRAS PARA CIMA DA COLINA.
O CLIMA É QUENTE NA ESCURA MINA,
E OS EGOÍSTAS VÃO NO SEU CASTIGO,
SOFRIMENTO QUE MEDIR EU NÃO CONSIGO,
NO QUARTO CÍRCULO DO PAÍS DA TREVA.
DANTE DIZ QUE DA VIDA NADA LEVA,
MAS SEU VERSO EU LEVO AQUI COMIGO.

AVARENTO É ESCRAVO DO PRÓPRIO BOLSO!

No contexto romano, *avārus* era uma palavra em latim usada para descrever alguém com um desejo exagerado de posse, especialmente de bens materiais e dinheiro. Essa palavra evoluiu até chegar em avarento. Na **Metodologia DSOP** poupar também é uma palavra que leva à posse de dinheiro, mas para um fim especial, a realização de sonhos!

O avarento acumula, acumula, mas nunca se permite aproveitar nada. Ele guarda cada moeda como se fosse a última do mundo, temendo até a brisa que poderia levar uma delas. Já o poupador é esperto! Ele guarda com propósito. Pensa nas necessidades, sonhos e experiências que quer viver. Poupar é planejar o futuro; ser avarento é esquecer o presente!

TROVADORISMO

Nosso violeiro Chico fez um texto imitando os antigos versos dos trovadores da Idade Média, seguindo a forma e as rimas como se fazia naquela época, e critica o pão-durismo de um senhor local, o Dom Gil.

O MESTRE DOM GIL

AFIRMO, O MESTRE DOM GIL,
MAIOR AVARENTO NÃO SE VIU,
SÓ TEM AMOR AO METAL VIL.
FIGURA SEM FIDALGUIA,
O MUNHECA NUNCA SAI DE SEU COVIL,
E NÃO ABRE A MÃO NEM PRA DAR BOM DIA.

Eu tô lembrando de uma coisa aqui. Se não me engano, foi na Idade Média que aconteceram as Cruzadas, um monte de conflitos existiram nesse período. Fico triste só de pensar, porque a coisa foi feia, muita gente morreu. Foi um período de extrema violência durante vários anos. Será que isso não influenciou também o uso do dinheiro?

QUANDO O OURO VALIA MAIS QUE A FÉ!

As Cruzadas não foram só batalhas religiosas, mas um show de ambição e poder! O dinheiro, que era para ser só moeda de troca, virou símbolo de domínio. Com tanta gente querendo território e influência, o ouro passou a valer mais do que a fé – financiar exércitos, abrir rotas e dominar terras eram os verdadeiros "prêmios". Em tempos de espada e cruz, o poder tinha preço, e o dinheiro era o rei da jogada!

Nesse período, e até depois do fim dos conflitos, cidades começaram a surgir e a crescer e, com elas, o comércio. Isso fez com que o uso de moedas de prata e ouro voltasse a ser comum. Em cidades-estado italianas, surgiram moedas de ouro como o florim e o ducado.

IMAGEM: DOMÍNIO PÚBLICO

Ilustração dos "quatro líderes da Primeira Cruzada" para *A História da França: Dos Primeiros Tempos até 1789, Contada aos Meus Netos*, de François Guizot.

A avareza é a raiz de todo mal.

Geoffrey Chaucer (1343-1400), escritor inglês.

CUNHAGEM DE MOEDAS

Você se lembra das moedas com o rosto da Cleópatra? Então, cunhar uma moeda nada mais é do que carimbá-la com símbolos que a tornam oficial, como o rosto de um governante. Esse processo, que existe ainda hoje, faz com que as moedas de um mesmo país sigam sempre o mesmo padrão e, portanto, sejam seguras de usar. Esse nome, cunhagem, na verdade pode também se referir a toda a produção da moeda em si.

Na Educação Financeira, o conceito de carimbar o dinheiro ganha um novo significado! Aqui, "carimbar" significa dar um propósito a cada ganho e valor poupado. Afinal, o dinheiro é um meio para realizar sonhos e atender necessidades. Assim, além dos rostos estampados, cada moeda deve ser cunhada para alcançar o que realmente importa em nossas vidas!

Esses camelos estão em tamanho real!!! Parece que as regiões da África eram ricas em ouro na Idade Média. As caravanas de camelos eram usadas para se chegar a elas; e sal, marfim e pessoas escravizadas - que tristeza! - eram utilizados na troca pelo metal. Muito do ouro encontrado nesse continente chegava à Europa, e se transformava em moeda por lá.

Estou amando esta parte do museu! Neste totem interativo, você pode clicar em algum lugar no mapa que ele dá mais informações sobre o que acontecia lá nesse período. Eu descobri que, no que conhecemos hoje como França, e também numa região chamada Flandres, havia várias feiras de comércio. Todo mundo se encontrava lá para comprar o que precisasse. E como tinha gente de todo lugar, as moedas que rodavam por ali eram de vários tipos. Para facilitar, existia vendedor que usava um negócio chamado letra de câmbio.

Para entender melhor

As letras de câmbio são como notas promissórias. Ficou mais difícil? Calma. O nome é todo pomposo, mas a explicação não é nada complicada. São documentos que estabelecem um pagamento em uma data futura. Isso facilitava as trocas comerciais entre diferentes povos e também fazia com que não tivessem que carregar pesados sacos com moedas metálicas. Podemos compará-las, atualmente, com os boletos.

BOTANDO ORDEM NA CASA

IMAGEM: DOMÍNIO PÚBLICO

Antiga Casa da Moeda, atual Arquivo Nacional, Rio de Janeiro.

Você já ouviu essa expressão? Ela quer dizer organizar, colocar cada coisa em seu devido lugar, terminar a bagunça. Foi o que aconteceu entre os séculos XIII e XV. Era tanto tipo de moeda passando de lá para cá, que os governos acharam melhor criar regras bem certinhas para sua produção. E aí foi realmente um trabalhão. Não só cada lugar começou a ter sua própria moeda, como passou a estabelecer padrões sobre a quantidade de metal em cada uma, e também começou a criar espaços específicos para sua produção. Eram as casas da moeda.

SURGIMENTO DOS BANCOS

Como as coisas foram ficando mais complexas, surgiram instituições voltadas só para cuidar de tudo que tratasse de dinheiro, compras, burocracias comerciais, esse tipo de coisa. Foi aí que criaram os bancos. O primeiro que existiu no mundo foi o de Veneza, na Itália, em 1157, fundado pelo Duque Vitali.

OS COFRES DE PORQUINHO

Esse curioso formato para os cofrinhos das crianças é muito conhecido. Dizem que ele surgiu por volta do século XV, na Europa, mas ninguém sabe ao certo como isso aconteceu. O que chega até nós hoje são hipóteses. A primeira delas diz que as pessoas costumavam guardar o dinheiro em potes de argila em que desenhavam um porco, pois o animal, na maioria das vezes, era considerado um símbolo de prosperidade. Há quem diga também que a argila utilizada para fazer os instrumentos domésticos daquela época, inclusive os potes em que se guardava a bufunfa, se chamava *pygg*. Em inglês, porco é *pig*, e isso pode ter influenciado o surgimento do tal objeto em formato do animal.

FREEPIK

O dinheiro sozinho não garantirá a vitória, mas sem dinheiro ninguém quer lutar. Nicolau Maquiavel (1469/1527), escritor e filósofo florentino

PORCO, DINHEIRO E OUTROS COFRES

Outros responsabilizam o engenheiro francês Sebastian la Pestre pelo surgimento desses cofrinhos – foi ele quem calculou matematicamente a fertilidade dos porcos e vinculou a imagem desses animais ao sucesso, à prosperidade e à multiplicação.

Por fim, dizem que os porcos eram animais muito estimados nos quintais medievais porque não eram caros, comiam restos de comida, davam filhotes com facilidade e viviam muitos anos. Então, em tempo de necessidade, ou eles poderiam ser vendidos ou se tornariam alimento para as famílias.

Mas com a circulação cada vez maior de dinheiro, as pessoas começaram a achar mais prático vender do que cuidar de porcos. Então, os porcos representavam, no fim das contas, uma espécie de reserva de dinheiro.

Bom, seja lá qual for o porquê, os porquinhos se tornaram símbolos populares para os cofrinhos na Europa e, depois, no mundo todo. Em alguns lugares, eles são até considerados sagrados, como na Nova Guiné e nas Ilhas Melanésias.

A **Metodologia DSOP** propõe o uso de três cofrinhos para introduzir o ensino da Educação Financeira para as crianças, um para cada sonho que precisamos ter. O primeiro, o vermelho, é para sonhos de curto prazo, aqueles que as crianças desejam realizar em até 3 meses. Já o segundo, o azul, é para médio prazo, sonhos para realizar em até 6 meses. Por fim, o branco, é para sonhos de longo prazo, para mais de 6 meses. Mais do que mostrar sobre poupar moedas, esses cofrinhos nos ensinam, já na infância, a "carimbar" o nosso dinheiro, para que tenhamos uma razão para guardar. E com o tempo crescemos, e os prazos podem até mudar, mas sempre deveremos guardar ao mesmo tempo um pouco dos nossos ganhos para todos os nossos sonhos!

FREEPIK

Já em algumas doutrinas religiosas, esse animal é considerado 'impuro' e, por essa razão, associar a figura do porco à prosperidade não é apropriado. Nesses casos, modelos mais minimalistas e em diferentes formatos geométricos são bem quistos para guardar o dinheiro também.

LINHA DO TEMPO
capítulo 2

1: Por volta de 100 d.C.
» Surgimento do dinheiro feito de papel

2: Por volta de 476 d.C.
» Início da Era Medieval

3: 1157
» Surgimento do primeiro banco, em Veneza, Itália

4: 1312–1337
» Reinado de Mansa Musa I no Mali

5: Por volta do século XV
» Surgimento dos cofrinhos em formato de porco

MODERNIDADE

A IDADE MODERNA EU CANTO AGORA -
OLHANDO O SEU DINHEIRO DE PAPEL,
VENDO SURGIR UM BANCO EM CADA CANTO,
AO LADO DA IGREJA E DO QUARTEL,
MAS DE LITERATURA EU TAMBÉM FALO
COM O DOM QUIXOTE EM MEU CORDEL.

CHICO DO BOLSO FURADO

O FRANCÊS MOLIÈRE CRIOU AS CENAS
COM A FIGURA DE TERRÍVEL AVARENTO.
HARPAGÃO ERA O NOME DESTE BRUTO
UM SUJEITO MUQUIRANA E RABUGENTO,
TINHA AINDA TANTA COISA PRA DIZER
MAS FALTOU TINTA E ATÉ TALENTO.

MANECO NÔMICO

NOVOS MUNDOS, NOVOS RUMOS:

A ERA DO IMPERIALISMO

Chegamos à terceira ala do Mundin! E agora começa a Idade Moderna, que aconteceu entre o século XV e o século XVIII. Foi um período de grandes mudanças para as pessoas, já que um contato maior entre diferentes lugares e culturas começou a acontecer – é o que se pode chamar de globalização. Foi aí que os europeus começaram a fazer longas viagens marítimas e a colonizar territórios nas Américas, na África e na Ásia.

Há uma palavra muito importante para a gente aprender aqui nesta nova ala do museu: **mer-can-ti-lis-mo**, que foi a organização econômica da Europa entre os séculos XV e XVIII. A ideia era de que os países precisavam enriquecer e, para isso, dentre outras coisas, dificultaram a importação e expandiram a exportação. Criaram indústrias e colonizaram outros territórios em busca de matérias-primas. Colombo chegou à América Central em 1492 e Pedro Álvares Cabral aportou no Brasil em 1.500.

OS ESTADOS NACIONAIS

Lembra que na época medieval a Europa era cheia de feudos? Com o tempo, seus donos, conhecidos como senhores feudais, foram perdendo poder. Quem estava com a bola toda nessa época era a burguesia. E os reis. Esses dois grupos se aliaram e criaram os chamados Estados Nacionais, que nada mais são do que os países. Foi nesse contexto que existiu o mercantilismo, em terras que ganharam novos nomes, como Inglaterra, França, Alemanha e Dinamarca.

Le Bourgeois Gentilhomme (O Burguês Fidalgo), personagem da peça de Molière.

Rei Louis XV da França (1710-1774).

Rei William III da Inglaterra (1650-1702).

IMAGENS: DOMÍNIO PÚBLICO

ORGANIZANDO MELHOR O DINHEIRO

Com a formação dos Estados Nacionais, ou Estados-nação, as moedas e notas passaram a ser influenciadas e organizadas de maneira mais centralizada.

Com a criação de novas fronteiras, ficava mais fácil determinar qual era o dinheiro utilizado em determinados territórios. O ducado veneziano e o florim florentino, por exemplo, eram usados em várias partes da Europa. Para facilitar o comércio entre os países, surgiu o padrão-ouro, permitindo que todas as moedas fossem convertidas por uma quantia do mineral.

Florim Florentino (uma das primeiras moedas de ouro a ser cunhada depois da queda do Império Romano na Itália).

Ducado Veneziano (moeda de ouro cunhada pela República de Veneza, em 1284).

Cuidado com pequenas despesas. Um pequeno vazamento afundará um grande navio.

Benjamin Franklin (1706 - 1790), polímata estadunidense.

INDEPENDÊNCIA FINANCEIRA:
A JORNADA PARA O SEU "REINADO"

Lá no passado, quando os reis e burgueses criaram os Estados Nacionais, o objetivo era garantir que os países fossem financeiramente autossuficientes. Eles começaram a controlar o comércio e as moedas e a expandir suas riquezas, para não depender de outros reinos.

Hoje, a independência financeira funciona de maneira parecida. Assim como os países, você também pode se organizar para conquistar a autonomia financeira. Controlar seu orçamento, evitar dívidas e fazer investimentos é como criar suas próprias "fronteiras financeiras" — e, dessa maneira, garantir que sua vida seja sustentável e segura.

Assim como o padrão-ouro ajudava os países a se organizarem, ter um planejamento financeiro traz a confiança de que você está no caminho certo para realizar seus sonhos. A chave para a independência financeira é o mesmo esforço para qualquer nação: organização, planejamento e controle.

Para entender melhor

Pense o seguinte: uma nota é um papel, certo? O que faz então ela valer algo? Como você já sabe, com o tempo o dinheiro deixou de ser feito com materiais preciosos. Os países tinham reservas de ouro que valiam o equivalente ao que emitiam em notas. Ou seja, uma nota valia uma quantidade de ouro e isso era o que fazia com que ela tivesse valor. Este era o padrão-ouro.

Sabe aquele jogo de que vocês gostam, o Banco Imobiliário? Dá pra ficar aqui jogando, numa sala especial. Vejam só quando essa história de banco começou... Com cada vez mais papel-moeda circulando por aí, passaram a existir lugares que faziam serviços de câmbio, de financiamento, de seguro, investimento e até mesmo de transferência. Nessa época, na Europa, apareciam bancos em todos os cantos!

BANCOS E O SUPERENDIVIDAMENTO:

O JOGO DE RISCOS!

Durante a Renascença, os bancos passaram a ter papel fundamental na custódia do dinheiro. Comerciantes começaram a depositar seus ganhos nessas instituições, garantindo maior segurança financeira. Assim, surgiu a prática do depósito bancário, que se tornou um dos pilares do sistema bancário moderno.

Hoje, em um cenário em que as facilidades de crédito são cada vez mais acessíveis, os bancos também têm um papel na criação de um fenômeno preocupante: o superendividamento.

No entanto, esse problema não se deve apenas à disponibilidade de crédito, mas também a fatores como políticas de crédito irresponsáveis, dificuldades financeiras pessoais e crises econômicas.

No mundo real, diferente do jogo Banco Imobiliário, não há "pontos de partida" ou "volta para a casa inicial". Se você não se planeja com consciência e responsabilidade, os juros compostos e os parcelamentos podem se tornar uma verdadeira armadilha.

Atualmente, a pressão social por consumir, ter mais e viver uma vida de "luxo imediato" leva muitas pessoas a viverem em um padrão de vida que não conseguem cobrir financeiramente. E aí o superendividamento ocorre, porque ter dívidas não é o problema — todos podemos ter. No entanto, quando elas ultrapassam a nossa capacidade de pagamento, temos de lidar com as dificuldades financeiras e emocionais que essas dívidas podem trazer. Saber fazer escolhas conscientes nos ajuda a não cair na tentação do consumo imediato e a manter o controle da nossa vida financeira.

IMAGEM: DOMÍNIO PÚBLICO

Pintura representando banqueiros em uma casa de contabilidade italiana no século XIV, do Códice Cocharelli.

MAIS SOBRE BANCOS

Os bancos medievais não usavam porta giratória nem detector de metais. Era uma insegurança total, pois funcionavam em feiras, debaixo de uma cobertura de lona, numa mesa comprida ou bancada, ao lado de legumes, lebres e porcos barulhentos. Nas bancadas, os primeiros banqueiros escreviam os depósitos em pequenas folhas de papel, chamadas "letras de câmbio". Os primeiros bancos oficialmente reconhecidos surgiram na Suécia em 1656, na Inglaterra em 1694, na França em 1700 e no Brasil só em 1808.

Gente, eu não acredito! Aqui eles vendem moedinhas de chocolate! Minha mãe me contou a história delas, que surgiram com o São Nicolau, um santo que ajudava muito quem mais precisava. Dizem que um dia jogou moedas de ouro para três jovens pobres pela janela e elas caíram dentro de meias que estavam secando. Aí começou, lá pelo século XVI, uma tradição europeia de dar moedas de chocolate para as crianças no Natal dentro de meias penduradas na lareira.

Moedinhas de chocolate: sabor precioso!

IMAGENS: DOMÍNIO PÚBLICO

SHUTTERSTOCK

UM DINHEIRO MUITO SABOROSO

Essas moedas tão gostosas chegaram ao Brasil muito depois, já no século XX. Mas o que a Ditinha não contou é que o cacau, fruto de que o chocolate é feito, também já foi utilizado como moeda. O cacau tinha muito valor. Vamos voltar ao século XIII... Alguns povos originários da América Latina, como os maias e os astecas, consideravam suas sementes fonte de riqueza e de poder. Há uma boa história para ilustrar isso. Quando Cristóvão Colombo chegou à América, em 1492, recebeu várias dessas sementes e, sem entender o seu simbolismo, as recusou. Elas caíram no chão. Foi uma agitação total, pois diversas pessoas tentavam pegá-las de forma desesperada sob seus pés. Uma fortuna estava ao lado das botas do colonizador.

OUTRAS MOEDAS CURIOSAS

Enquanto na Europa as notas eram cada vez mais utilizadas, em regiões da África algumas moedas bem diferentes foram usadas até o século XIX, como os cauris. Os cauris são conchas de um molusco, também conhecidas como búzios. Outra moeda diferente, e bem pesada, era a katanga ou "handa", utilizada no Congo nos séculos XVIII e XIX. Feita de cobre, tinha a forma de cruz, media 20 cm e chegava a pesar 1kg, acredita? Para poder fazer as compras do mês, o pessoal tinha que estar em dia com a academia!

DOIS PESOS, DUAS MEDIDAS?

Antigamente, como acabamos de ver, para realizar compras com cauris ou katanga, as pessoas tinham que estar fisicamente preparadas para carregar grandes quantidades dessas moedas. Hoje, com a tecnologia, meios de pagamento como cartões de crédito e de débito e, mais recentemente, as carteiras digitais e o Pix tornaram o processo de compra mais ágil e praticamente sem esforço físico algum. Podemos simplesmente deslizar um cartão ou realizar um pagamento com um clique no celular, sem perceber o impacto imediato de nossa ação.

No entanto, essa facilidade toda pode fazer a gente esquecer o verdadeiro valor do dinheiro e daquilo que consumimos.

No passado, carregar uma katanga exigia esforço físico; hoje, pagar com o celular ou cartão demanda esforço mental. Precisamos pensar sobre quanto estamos gastando e se o débito está alinhado aos nossos sonhos e necessidades financeiras. Sem o peso físico do dinheiro, pode parecer que ele nunca acaba, mas o impacto financeiro ao longo do tempo pode ser bem mais pesado do que imaginamos.

Não acredites nem nos que pedem emprestado, nem nos que emprestam; porque muitas vezes, perde-se o dinheiro e o amigo. E o empréstimo.

William Shakespeare (1564/1616), poeta e dramaturgo inglês.

DA SEDA À PRATA,
DO GANHO AO GASTO...

Na Ásia, durante o século XVI, a Dinastia Ming, da China, passou a receber a prata (que era explorada nas colônias da América do Sul e espalhada pelo mundo) como forma de pagamento. E haja pagamentos. A China estava enriquecendo porque todo mundo queria a qualidade da sua seda e da sua porcelana. E era assim: tecido ia, a prata vinha, fazendo sorrir até os dragões decorativos dos palácios.

No entanto, essa circulação de riquezas não acontecia de forma equilibrada. A prata usada pelo mundo como meio de troca era fruto da exploração intensa nas colônias sul-americanas, muitas vezes obtida por meio do trabalho forçado de povos indígenas e africanos escravizados. Enquanto a seda era produzida com saber técnico e tradição, a prata representava um sistema desigual. Isso revela que às vezes dar e receber não ocorrem de maneira justa.

Vaso da Dinastia Ming, período jiajing (1522-1566).

A seda chinesa e a prata sul-americana mostram que nem sempre a circulação de riquezas acontece de forma equilibrada. No mundo atual, é o equilíbrio entre gastar e poupar que sustenta o sucesso financeiro. Hoje, nossa vida financeira precisa de consciência entre o que recebemos e o que gastamos. Se você gasta mais do que ganha, esse sistema desmorona. Mas se poupa e investe com sabedoria, pode construir uma "dinastia" financeira sólida. Troque excessos por prioridades e transforme seu dinheiro em algo tão valioso quanto a seda chinesa daquela época!

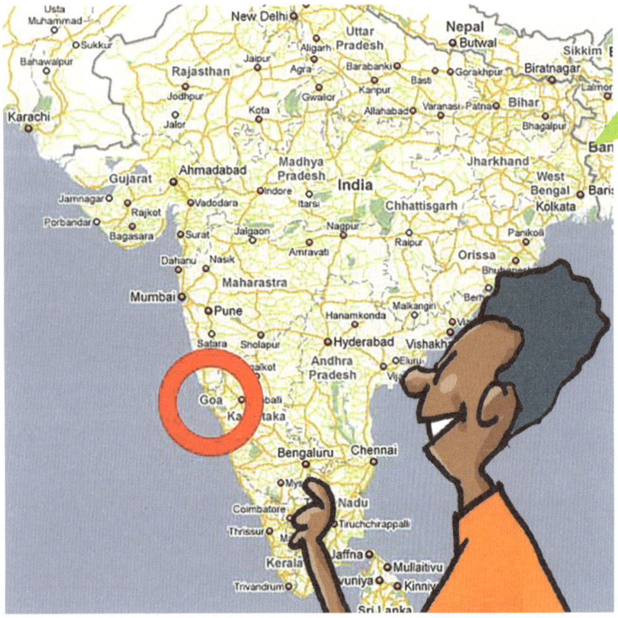

As colonizações foram episódios tristes. Muita violência, muito desespero. Isso porque os povos europeus invadiam territórios e começaram a agir como se fossem todos deles. Na África, a sua chegada foi uma época terrível, pois não somente exploravam os recursos naturais como as próprias pessoas, que se tornaram mão de obra escravizada. Isso era um absurdo. As pessoas nunca deveriam se tornar mercadoria. Mas foi assim por muito tempo, vi agora mesmo num vídeo sobre escravidão no Brasil. Suas vítimas eram iorubás, bantos, congoleses. Essas pessoas eram consideradas posses e nos testamentos podiam fazer parte da relação de bens que caberia a cada herdeiro. Esse era o Brasil Colônia.

UMA BOLSA
QUE NÃO É DE CARREGAR

Você já deve ter ouvido falar em bolsa de valores. Ela é como se fosse um mercado em que pessoas compram partes de empresas, chamadas ações. Elas surgiram bem no fim da Idade Média, em países como Bélgica e Holanda, em que mercadores se reuniam para realizar a compra e venda de moedas, letras de câmbio e metais preciosos. O nome vem da família de nobres belgas, os Van der Burse, cujo brasão de armas eram três bolsas. Por isso, os lugares onde eram realizadas essas transações ficaram conhecidos como bolsas.

BENJAMIN FRANKLIN

Muita gente não faz ideia de quem seja o Franklin, mas com certeza já viu a carinha dele circulando por aí. Afinal, é ele quem está na cédula de 100 dólares, a cédula mais valiosa do dólar norte-americano.

Nascido em 1706, Franklin era o típico faz-tudo da época: editor, jornalista, cientista, inventor, diplomata e ainda arrumava tempo para fundar hospitais e bibliotecas. O cara foi tão importante que ajudou a conquistar a independência dos Estados Unidos ao lado de outros nomes de peso, como George Washington e Thomas Jefferson. Na ciência, fez muitas experiências com a eletricidade: são atribuídas a ele a invenção do para-raios e dos óculos bifocais. Foi um impressor importante e publicou um almanaque muito popular, o *Almanaque do Pobre Ricardo*, que influenciou todos os outros, como o nosso modesto almanaque aqui.

No campo das artes gráficas, Franklin encarou um desafio cabeludo: criar um dinheiro que fosse difícil de falsificar. O homem bolou ideias tão avançadas que ajudaram a dar mais segurança ao papel-moeda, algo que ainda é essencial hoje. Muitas de suas frases ainda são usadas, confira se você já ouviu alguma delas:

- Se as tuas riquezas são tuas, por que não as leva contigo para o outro mundo?
- Um hoje vale por dois amanhãs.
- Os credores têm melhor memória que os devedores.

O AVARENTO

Jean-Baptiste Poquelin, mais conhecido como Molière.

O famoso dramaturgo francês Molière (1622 - 1673) tem uma peça com esse nome, inspirada na obra de nome *Aulularia*, do romano Plauto. Um viúvo muito pão-duro e incapaz de qualquer forma de amor, chamado Harpagão, tem uma obsessão: a de que todos estão constantemente querendo roubá-lo. Inclusive, quando tem um baú de dinheiro furtado, manda prender todos os cidadãos da cidade. Molière coloca no avarento o que o ser humano tem de pior: egoísmo, mentira, cobiça. Dizem que seu coração não batia e, sim, tilintava. De tão universal, a peça continua encenada até hoje. Uma prova de que o tema continua bastante atual, não é mesmo?

DOM QUIXOTE

IMAGEM: DOMÍNIO PÚBLICO

Criado pelo escritor espanhol Miguel de Cervantes, este famoso personagem da literatura era um leitor fanático de romances de cavalaria, o que o fez querer viver suas próprias aventuras de cavaleiro! Família e vizinhos de Dom Quixote o achavam maluco, pois ele lia demais. Tanto que fizeram uma triste fogueira com seus livros, atitude cheia de medo e ignorância. Em suas aventuras com Sancho Pança, muita trapalhada acontece. Enquanto um é mais realista, o outro muitas vezes segue pelo reino da fantasia, e chega a enfrentar gigantes disfarçados em moinhos de vento. Por vezes, Dom Quixote se desilude, percebendo que a glória de um cavaleiro não basta se não houver algum dinheiro que banque suas empreitadas aventureiras.

A GLÓRIA NÃO PAGA AS CONTAS

Os cavaleiros andantes medievais desejavam uma vida de glórias, mas apenas elas não sustentariam suas andanças sem fim. No mundo real é parecido: buscamos bens materiais ou reconhecimento social, acreditando que isso nos trará felicidade e realização pessoal. Mas sem um sonho com propósito e uma base financeira sólida, a busca pelo sucesso pode ser frustrante. Hoje, a glória pode ser associada à posse de carros de luxo ou roupas de marca, por exemplo. Mas, como no caso dos cavaleiros andantes, uma conquista apenas pela glória pode ser vazia. Investir na educação financeira é a única maneira de garantir que o dinheiro tenha sentido e que possamos desfrutar das vitórias com consciência e segurança.

A riqueza não se mede pelos bens que se possui, mas sim pelo bem que se faz. Miguel de Cervantes (1547 - 1616), poeta, escritor e dramaturgo espanhol.

LINHA DO TEMPO
capítulo 3

1: Entre os séculos XV e XVIII
» Era Moderna

2: Séculos XVIII e XIX
» Uso de cauris (conchas) como moeda no continente africano

3: Século XVI
» A China começa a enriquecer e a utilizar a prata como moeda

4: 1531
» Criação da primeira bolsa de valores, na Antuérpia, Bélgica

5: 1752
» David Hume cria a teoria sobre o padrão-ouro

IDADE CONTEMPORÂNEA

EU NAVEGO NO MUNDO VIRTUAL
UMA TERRA ONDE O SOL NUNCA SE PÕE,
SEU DINHEIRO TEM NOMES DIFERENTES
É *ETHEREUM*, É *TRON*, É *DIGECOIN*.
É *SOLANA*, *MONERO*, *ESTELAR*
CARDANO, *SHIBA INU* E *BITCOIN*.

CHICO DO BOLSO FURADO

NÃO ENTENDO O DINHEIRO DO FUTURO
E PREFIRO FICAR COM MEU VINTÉM,
NÍQUEL, PRATA, PATACA E BARÃO
NO BOLSO, UM DINDIM SEMPRE CAI BEM,
TUTU, TOSTÃO, MERRECA E BUFUNFA
SÓ GOSTO DE GUARDAR NOTA DE CEM.

MANECO NÔMICO

ENTRE BASTILHAS E BYTES:
UM MUNDO QUE NÃO PARA DE MUDAR

Chegamos à última ala do nosso museu. Já aprendemos muito até aqui. Agora será o momento de entender mais sobre o mundo em que a gente vive hoje.

O início da Era Contemporânea é marcado pela Revolução Francesa, em 1789. Decidir quando será o seu final é uma questão polêmica, traz muitas discussões entre os historiadores. Mas, para nós, o importante é dizer o que aconteceu e vem acontecendo nesses mais de 235 anos. Parece pouco tempo. Será?

REVOLUÇÃO INDUSTRIAL

Antigamente, tudo que era feito precisava de grande esforço humano. Mas isso mudou a partir da Revolução Industrial, no século XVIII. Especialmente na Inglaterra, o surgimento de várias fábricas botaram máquinas e gente para trabalhar sem parar. Isso fez com que os bens de consumo, como os tecidos, por exemplo, passassem a ser produzidos em uma quantidade muito maior.

A Revolução Industrial mostrou como a inovação pode transformar a economia. Hoje, vivemos algo parecido com as tecnologias digitais, que mudaram como ganhamos e gastamos dinheiro. Assim como naquela época, em que as pessoas precisavam se adaptar às fábricas e às máquinas, nós também precisamos aprender a lidar com as novas formas de trabalho, de consumo, de pagamentos e de uso do dinheiro.

"O que vai gerar a riqueza das nações é o fato de cada indivíduo procurar o seu desenvolvimento e crescimento econômico pessoal".

Bem-vindos à ala dos maiores economistas da História! Pode até parecer uma sala só com estátuas e bustos, e disso o mundo anda cheio, mas aqui elas conversam conosco! Este, por exemplo, é Adam Smith, filósofo e economista escocês nascido em 1723. Um dos principais teóricos do liberalismo, Smith acreditava que o governo deveria intervir apenas em aspectos como defesa nacional, justiça e obras públicas. Para ele, uma "mão invisível" conduziria naturalmente consumidores, fornecedores e trabalhadores no mercado. A competição entre empresas tornaria os produtos mais acessíveis, desde que inovassem para reduzir gastos e atrair mais clientes que os concorrentes.

IMAGEM GERADA POR IA.

Para entender melhor

Liberalismo econômico é uma teoria que diz que os governos nacionais devem interferir o mínimo possível nas decisões e relações econômicas entre empresas e pessoas. Os liberais defendem a livre concorrência, ou seja, que qualquer um pode vender seus produtos como bem entender. Pela lei da oferta e da procura, os preços mudariam conforme a quantidade de produtos disponíveis.

IMAGEM GERADA POR IA

Olha, gente. Eu também resolvi interagir com uma estátua viva. Esse cara barbudo aqui do meu lado é o economista alemão Karl Marx. Conversando com ele, eu e o Nico descobrimos que ele nasceu há mais de dois séculos. Marx foi diretamente influenciado pela Revolução Industrial, e sua mais importante obra é *O Capital*, composta por muitos e grossos volumes que analisam temas como trabalho, lucro, produção e revolução... Ele já previa, em pleno século XIX, que as crises econômicas faziam parte do funcionamento do capitalismo. A frase no balão, apesar de ter sido popularizada em seus escritos, já era utilizada por muitos pensadores antes dele.

ENTRE CRISES E COMPRAS

Marx acreditava que as pessoas que trabalhavam nas fábricas produziam muito, mas não recebiam tanto quanto deveriam. Isso nos leva a pensar melhor sobre o que está por trás dos preços e dos produtos. Hoje, podemos tomar decisões de consumo mais conscientes, que respeitam o trabalho dos outros, o meio ambiente e o nosso próprio dinheiro.

Já Keynes acreditava que, quando as coisas saíam do controle, como numa crise econômica, o governo precisava intervir e organizar tudo. Para ele, o segredo era ajustar as coisas antes que os problemas ficassem grandes demais.

Já esse altão se chama John Maynard Keynes, outro economista. Ele me contou que nasceu na Inglaterra, em 1883. Parece que Keynes discordava de algumas coisas que falou o seu colega Adam Smith. Pois para ele era essencial, sim, que o Estado regulasse a economia, já que isso poderia evitar muitos problemas, como um aumento desenfreado nos preços, Um fato curioso é que Keynes era muito alto. Muito mesmo. Quase dois metros! Se não quisesse ser economista, com certeza conseguiria entrar para algum time de basquete...

Nosso orçamento funciona do mesmo jeito: antes mesmo dos gastos começarem a crescer e o dinheiro parecer sumir, precisamos intervir, reduzindo gastos não essenciais e priorizando nossos sonhos e necessidades. Keynes mostrava que planejamento é a melhor solução, e o mesmo vale para manter a saúde das nossas finanças em dia.

SHUTTERSTOCK

A GRANDE DEPRESSÃO

Nesses novos tempos, a gente pode ver que os países e suas economias estavam cada vez mais interligados. Por exemplo, uma crise em um país específico poderia ter consequências no resto do mundo. Foi assim durante a Primeira Guerra Mundial, na Europa, época em que os Estados Unidos tornaram-se o principal produtor e exportador de várias mercadorias.

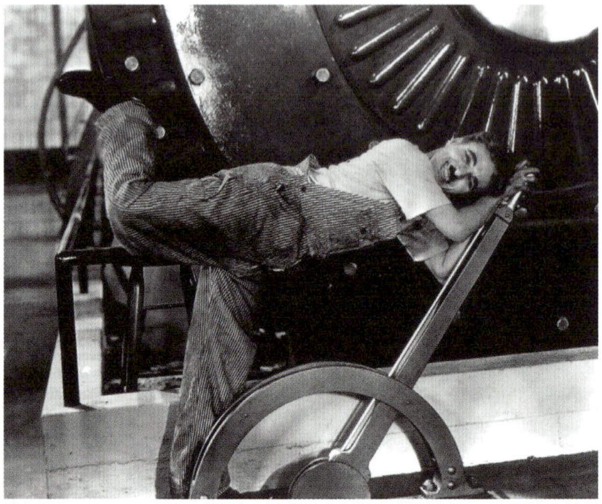

IMAGEM: DOMÍNIO PÚBLICO

Carlitos, personagem de Charles Chaplin, no filme *Tempos modernos* (1936).

Mas o tempo passa, e as economias europeias conseguiram se recuperar. Ficou sobrando, nos Estados Unidos, um monte de mercadoria, que ninguém queria comprar. Com a grande disponibilidade de produtos no mercado e a queda nas exportações, seus preços caíram bastante, muito mesmo, causando fechamento de bancos e de empresas, desemprego e fome para a população.

A partir de livros como *Vinhas da ira* e *Ratos e homens*, de John Steinbeck, *Seabiscuit - uma lenda americana*, de Laura Hillenbrand, ou filmes como *Loucura americana*, de Frank Capra, a *Tempos modernos*, de Charles Chaplin, a Grande Depressão nos mostra a importância de uma reserva estratégica financeira, pois assim como os bancos e as empresas daquela época não estavam preparados para a crise, muitas vezes enfrentamos imprevistos sem ter um plano B. Por isso, guardar um pouco do que ganhamos é uma maneira de nos prevenirmos para os momentos difíceis ou imprevistos que podemos enfrentar ao longo da vida.

Lembro, quando criança, do meu avô falando sobre isso, sobre uma queima enorme de café. Era o principal produto de exportação brasileira na época e deixou de ser comprado pelos outros países. Então, por aqui, o governo decidiu queimar todos os grãos que estavam sobrando. Assim, fizeram o café virar fumaça para que ele não ficasse disponível no mercado e o preço não caísse ainda mais. Foi uma maneira duríssima de controlar o mercado e tentar resolver o problema.

ENQUANTO ISSO, NA ÁFRICA...

Vários países africanos conquistaram suas independências somente no século XX, depois de muita luta. E então, depois da descolonização, criaram suas próprias notas e moedas. Foi assim que surgiu, por exemplo, o naira nigeriano (1973) e o kwacha zambiano (1968). Geralmente, eram representados no dinheiro os líderes que contribuíram para o processo de liberação dos países e também espécies locais de plantas e animais.

SHUTTERSTOCK

Nelson Mandela, ativista *anti-apartheid* e ex-presidente do país, estampa as notas de rands, moeda da África do Sul.

NOME CHIQUE

Bretton Woods. Assim é que ficaram chamados os acordos realizados entre vários países na década de 1940. Dentre as decisões, foram criados o Banco Mundial e o Fundo Monetário Internacional (FMI). Outra coisa importante decidida foi que as moedas locais dos países participantes do FMI deveriam fixar sua taxa de câmbio de acordo com o ouro ou o dólar. Mas, em 1971, o então presidente estadunidense Richard Nixon decidiu acabar com essa relação tornando o dólar uma moeda baseada na confiança (ou seja, sem ser garantida por ouro). Isso fez com que alguns países seguissem o exemplo e outros mudassem suas reservas de ouro para dólares.

Para entender melhor

Atualmente, a maioria dos países, inclusive o Brasil, possui moeda fiduciária. Isso significa que as notas e as moedas não são feitas de nenhum material valioso e também que não há uma reserva que corresponda aos valores emitidos em dinheiro, como era no padrão-ouro, por exemplo. Ou seja, a única coisa que agrega valor ao dinheiro nesse sistema é o fato de as pessoas acreditarem que ele vale alguma coisa. Parece meio estranho, né? Mas é verdade.

Eu tenho dinheiro suficiente para o resto da minha vida, a não ser que eu compre alguma coisa

Jackie Mason (1928/2021), comediante norte-americano.

Vi numa sala várias imagens sobre a história do dinheiro no Brasil, desde a chegada das caravelas. Antes delas, os povos originários viviam em regime de subsistência, ou seja, produziam aquilo que era necessário para que vivessem, sem excedentes que pudessem ser trocados. As primeiras moedas eram de ouro e cobre e tinham nomes engraçados como tostão, cruzado, vintém e até São Vicente. Lá no século XVI, o açúcar foi usado como moeda e, em Pernambuco, até se fez uma moeda europeia, o Florim Brasil, durante as invasões holandesas. Ah, e os reais, ou réis, ficaram por muito tempo, só foram trocados em 1942 pelo cruzeiro. Depois disso, ele teve um monte de nomes diferentes, como cruzeiro novo, cruzado, cruzado novo, cruzeiro real, e agora o real, nossa moeda de hoje.

IMAGENS: DOMÍNIO PÚBLICO

O BRASIL E A MOEDA DO CRUZEIRO

Na primeira troca de moeda do Brasil, em 1942, os réis são substituídos pelo cruzeiro durante o governo de Getúlio Vargas. Mil réis passaram a valer 1 cruzeiro: foi o primeiro corte de três zeros da história monetária do país. É aí que surge também o centavo.

IMAGEM: DOMÍNIO PÚBLICO

O REAL TEM HISTÓRIA...

Você sabia que as notas e moedas de real estampam a figura de uma mulher? Marianne, assim batizada pelos revolucionários franceses, é símbolo da República e representa valores como liberdade, igualdade e fraternidade. Marianne já apareceu em outras moedas ao redor do mundo também, como na França e em Portugal. Além disso, também é retratada no quadro *A liberdade guiando o povo*, de 1830, do artista Eugène Delacroix. E é claro, ela também está na Estátua da Liberdade, em Nova York.

O dinheiro brasileiro também traz curiosidades sobre o mundo animal, estampando nossa fauna e chamando a atenção para a preservação ambiental. Os bichos, da menor nota para a maior são: a tartaruga-marinha, a garça-branca-grande, a arara-vermelha, o mico-leão-dourado, a onça-pintada e a garoupa. Mas já tivemos também o beija-flor-de-peito-azul na nota extinta de 1 real e, mais recentemente, o lobo-guará, na valiosa nota de 200 reais.

Mas não é porque o dinheiro é fiduciário que ele é um simples pedaço de papel. As notas e moedas possuem diversos mecanismos que garantem sua importância e legitimidade e, assim, não dá para qualquer um sair fazendo notas de cem na garagem. Alguns desses recursos de segurança das notas brasileiras são as marcas d'água, imagens que aparecem na luz ultravioleta, e o relevo de alguns elementos. Também é emitida uma numeração para cada nota.

DINHEIRO VIRTUAL

Assim como as cédulas físicas possuem sistemas de segurança, o dinheiro no mundo digital também precisa de cuidados especiais. No ambiente virtual, os recursos de segurança são invisíveis, mas essenciais para proteger nossas finanças. Com o uso crescente de cartões de crédito, transferências bancárias on-line e pagamentos via aplicativos, o dinheiro digital se tornou parte fundamental do nosso cotidiano. E, assim como as notas físicas, ele também está sujeito a ameaças, como fraudes e roubos virtuais.

A segurança digital, portanto, funciona como uma camada de proteção invisível, mas poderosa para as nossas finanças. Senhas fortes, autenticação de dois fatores, criptografia de dados e outros mecanismos são como as marcas d'água e os hologramas do dinheiro físico, ajudando a garantir que apenas você tenha acesso ao seu "dinheiro virtual".

Devemos ter cuidados não só com o uso do dinheiro físico, mas também no meio digital. Proteger nossas informações pessoais *on-line* é uma extensão do que fazemos para garantir a segurança do nosso dinheiro no mundo físico.

Beco Diagonal da Série de livros *Harry Potter* (1998-2007), por J. K. Rowling.

SHUTTERSTOCK

Falando em segurança e dinheiro, não há como não lembrar do Banco Gringotes, o único banco bruxo do mundo, inventado pela autora britânica J.K. Rowling nas histórias do seu famoso personagem Harry Potter. Ele fica no Beco Diagonal e foi criado, segundo a narrativa, em 1474. Administrado por duendes, está repleto de feitiços fortíssimos de proteção. Até dragão mora lá! De acordo com o cuidador de Hogwarts, Hagrid, o banco é o segundo lugar mais seguro do mundo, só ficando atrás da escola de magia.

DINHEIRO DE PLÁSTICO

Estamos falando muito sobre as notas. Mas sabemos que, hoje em dia, é muito mais comum fazer pagamentos com cartões de crédito ou débito. O surgimento deles se relaciona aos cartões de fidelidade, que eram cartões com o intuito de serem utilizados em lojas específicas. Em outras palavras, cada loja tinha seu cartão fidelidade com o qual o cliente fazia várias compras e pagava o valor total depois. Um cartão que funcionasse em qualquer estabelecimento surgiu depois, na década de 1920. Foi inventado por Frank McNamara e se chamava Diners Club. E então, nas décadas de 1960 e 1970, o cartão de crédito ganhou força total.

Meus pais me explicaram que quando pagamos no crédito, o nosso dinheiro não sai da conta na hora. Ele só vai ser cobrado depois, numa data que a gente combinou com o banco. Isso pode ser ótimo para organizar melhor o nosso dinheiro, sabe? Mas eles disseram também que é preciso tomar cuidado! Porque se a gente gastar mais do que pode pagar depois, pode acabar num aperto. Pior: se não pagar na data certinha, o valor começa a aumentar, aumentar... porque vão cobrar juros. E aí a gente pode ficar superendividado!

DINHEIRO, DÉBITO OU CRÉDITO?

Usar dinheiro ou crédito é como escolher entre dois caminhos para pagar suas compras, e cada um tem suas vantagens. O dinheiro é simples e direto: você sabe quanto tem e quanto gasta, o que ajuda a manter o controle das finanças. O cartão de débito funciona da mesma forma, com o valor sendo retirado na hora da conta. Já o crédito é útil para parcelar ou lidar com imprevistos, mas deve ser usado com cuidado. A facilidade do cartão pode esconder o quanto você compromete o orçamento futuro. Por isso, é essencial planejar antes de comprar, evitar gastar mais do que se pode pagar e priorizar o pagamento total da fatura para fugir dos juros. O segredo está no equilíbrio: usar o crédito com sabedoria e o dinheiro ou débito para manter o controle. Assim, nossas escolhas financeiras trabalham a nosso favor — e não contra.

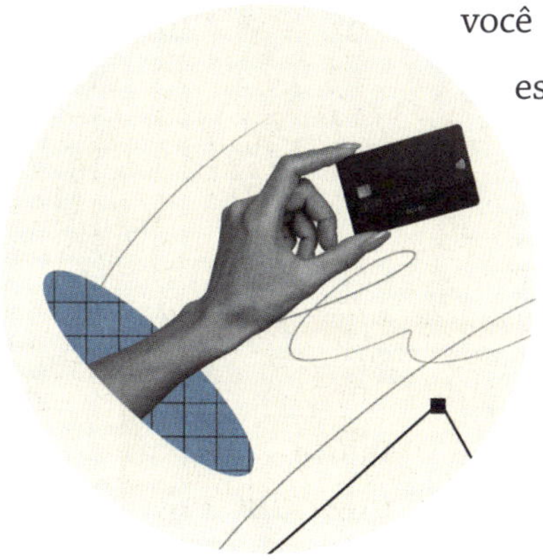

"Gastar dinheiro numa hora dessas, incerta, não será loucura?" *Navegação de Cabotagem*, **Jorge Amado** (1912-2001), escritor brasileiro.

O SURGIMENTO DO EURO

Antigamente, cada país da Europa tinha a sua moeda local. Na França, era o franco. Na Itália, a lira. Na Alemanha, o marco. E não vamos nos esquecer dos escudos portugueses. Em 1995, foi criada uma moeda comum, o euro, e isso causou muitas transformações no cotidiano das pessoas. Até o ano de 2024, 19 países já aderiram ao euro.

IMAGEM: DOMÍNIO PÚBLICO

BOLSA DE VALORES

SHUTTERSTOCK

Bolsa de valores: tecnologia a serviço das ações.

Nós já falamos um pouco sobre ela. Começou como uma espécie de mercado aberto e, hoje, é composta por sedes no mundo todo, interligadas por redes digitais. A principal função das bolsas de valores é a negociação de ações de empresas, ou seja, de partes delas. As pessoas, chamadas de investidores, podem comprar essas partes. Por diversos motivos, essas ações podem valer mais ou menos dinheiro. E essa flutuação é o que faz com que as pessoas envolvidas ganhem ou percam dinheiro. Por isso, para empreender na bolsa é importante estudar e entender o mercado financeiro, senão o prejuízo é certo!

Para entender melhor

Afinal, o que é um investimento financeiro? Para explicar de um jeito bem simplificado, podemos dizer que é quando alguém entrega uma quantidade de dinheiro ou de algum bem (qualquer objeto que tenha valor) com a expectativa de que tenha lucro futuro, ou seja, que ganhe mais do que entregou – ou aplicou, como se diz na linguagem financeira.

MAIS SOBRE CRIPTOMOEDAS

Existem milhares (literalmente) de tipos de criptomoedas. Elas são mineradas. É isso mesmo, o verbo é igual àquele que significa extrair ouro e diamantes do solo. É um processo muito difícil, mas quando é bem-sucedido dá muito dinheiro.

Explicar a mineração de criptomoedas é algo desafiador. Em termos simples, podemos dizer que é o processo de resolver complexos problemas matemáticos que, quando finalizados, liberam essas moedas digitais como prêmios. Minerar é cada vez mais difícil e gasta muita, muita energia. Hoje em dia, há instituições especializadas que vendem criptomoedas que já existem.

SHUTTERSTOCK

EMÍLIA, MONTEIRO LOBATO

E MUITOS NÚMEROS

IMAGEM: DOMÍNIO PÚBLICO

Ditinha estava admirando um painel enorme com a boneca Emília, popularíssima personagem criada pelo escritor brasileiro Monteiro Lobato. Ele publicou muitos livros para crianças, inclusive o *Aritmética da Emília*, em que a nossa boneca filósofa viaja no mundo dos números e tem opinião para tudo. No livro, o Visconde de Sabugosa – o mais sábio dos sabugos de milho - conta para ela que os números podem indicar as somas de dinheiro, que é coisa das mais importantes.

Emília:

— Por quê? — perguntou a boneca. — Para mim dinheiro não tem importância nenhuma. Dou o desprezo...

Visconde — Para as bonecas não terá, mas para os homens tem muitíssima, porque o dinheiro é uma coisa que se transforma em tudo quanto eles desejam. Se eu tenho um pacote de dinheiro, posso transformá-lo numa casa, numa vaca de leite, num passeio à Europa, num terreno, numa porção de ternos de roupa, numa confeitaria inteira de doces, num automóvel — em tudo quanto eu queira. Daí vem a importância do dinheiro e a fúria dos homens para apanhar a preciosa substância.

O DINHEIRO NO UNIVERSO DE *STAR WARS*

Outro universo bem famoso que tem seu próprio sistema monetário, variado e detalhado, é o *Star Wars*. Refletindo a diversidade de planetas, culturas e governanças, os créditos galácticos são a moeda mais amplamente aceita em toda a galáxia. Eles inventaram até um Banco Central Galáctico. Esse sistema é representado tanto em formato físico (moedas e notas) quanto digital. E também temos o WUPIUPI e o PEGATT do planeta Tatooine, os créditos Hutt, os créditos Mon Calamari, além do escambo e da troca, que nunca deixaram de existir.

SHUTTERSTOCK

MOEDAS NO MUNDO DOS GAMES

SHUTTERSTOCK

E o mundo dos jogos não fica para trás também! Em *The Elder Scrolls*, a moeda é o SEPTIMS, toda feita de ouro, pode comprar casas ou feitiços. Em *Witcher 3*, são as coroas do Norte, florins de Nilfgaard e orens de Temeria. Na série dos *Pokémons*, o que vale são os pokedólares, e em *Final Fantasy*, o sempre presente GIL. Nesse universo, quem já não ficou milionário por uma tarde?

RISCOS E RECOMPENSAS NO JOGO DA VIDA

Enquanto o universo de *Star Wars* e o mundo dos jogos nos apresentam sistemas monetários variados e fascinantes, há outra arena em que o dinheiro tem um papel central: a dos jogos de apostas e de azar on-line. Embora possam parecer um entretenimento inofensivo, esses jogos nos ensinam uma lição importante sobre educação financeira: como o desequilíbrio entre o risco e a recompensa pode nos levar para o lado sombrio das nossas finanças.

No mundo dos jogos, ficamos "milionários por uma tarde" com moedas fictícias como o SEPTIMS, os pokedólares ou o GIL. Esse ambiente virtual oferece uma experiência segura e divertida, onde perder tudo é apenas um recomeço. Porém, nos jogos de aposta on-line, a ilusão de riqueza rápida pode ter um valor alto quando falamos de dinheiro real. Ao contrário dos créditos galácticos do universo *Star Wars* — administrados pelo Banco Central Galáctico —, nos cassinos virtuais, o controle financeiro muitas vezes foge das mãos do jogador.

Os jogos de azar on-line funcionam como um universo paralelo em que as regras são ditadas pela imprevisibilidade e pela emoção. Assim como o escambo em Tatooine ou os créditos Hutt, cada aposta tem valor subjetivo, movido pela percepção do jogador sobre suas chances de ganhar. Porém, ao contrário do mundo fictício, aqui as perdas são reais.

A educação financeira nos ensina a equilibrar risco e retorno, definindo e priorizando sonhos e necessidades, poupando e investindo com consciência. Cada escolha impacta nosso futuro. Cabe a nós decidir: construir um caminho sustentável ou ceder ao impulso da ilusão de ganhos imediatos?

TRANSFERÊNCIAS E PIX

O surgimento dos celulares foi um marco em relação ao dinheiro. Com eles, foi possível carregar o banco para qualquer lugar e realizar todo tipo de pagamento. Tempos atrás, só era possível transferir dinheiro para outras pessoas pelo celular pagando uma taxa para isso, eram as chamadas TEDs. Mas, em 2020, o Banco Central do Brasil criou o Pix, um tipo de transferência gratuita que pode ser feita a qualquer momento e sem nenhum custo. Por isso, agora dá para pagar com nota, cartão, Pix... E o Pix virou parte do cotidiano do brasileiro.

É a primeira forma de transferência digital em que o dinheiro é transferido em tempo real. É seguro e todos os bancos o aceitam, além de não ter taxas. Pode ser feito tanto por "chaves", ou seja, algo que identifica o usuário como o e-mail ou o telefone, quanto por *QR code*, em máquinas que anteriormente só aceitavam cartões.

Para entender melhor

Um *QR code* é uma imagem, geralmente com fundo branco e um quadrado cheio de pontinhos pretos, que os celulares conseguem entender pela câmera como um valor a pagar através de aplicativos bancários. Dessa forma, pode-se pagar com o celular em momentos que não se tem dinheiro físico ou cartão. É prático e o dinheiro é transferido na hora!

ORLANDO

PAGAMENTOS PELO CELULAR E RELÓGIO

Hoje em dia, os cartões de débito e crédito podem funcionar de duas maneiras: ou eles são inseridos numa máquina de pagamentos e o cliente digita a senha, ou eles são simplesmente aproximados dessa máquina. Mas há também outra forma de pagar: alguns celulares e relógios também podem ser configurados para serem usados como um cartão de aproximação.

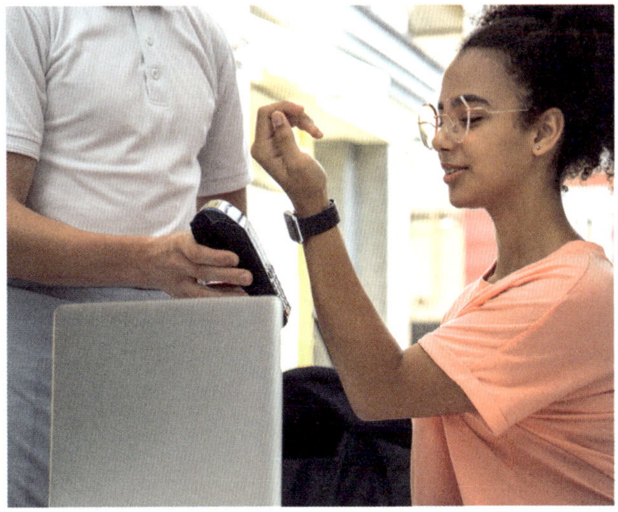

SHUTTERSTOCK

O TEMPO, A TROCA O DINHEIRO E A EDUCAÇÃO FINANCEIRA

Ao chegar às últimas páginas deste livro, você já deve ter percebido que o dinheiro, o tempo e a troca norteiam nossa estada neste planeta, não é mesmo? E o que isso quer dizer? Muito! Nosso comportamento em relação ao tempo e ao escambo é muito importante, porque de nada adianta sermos geniais em contas, planilhas e fórmulas mirabolantes se não tivermos o comportamento adequado para fazer com que o tempo e o escambo sejam trabalhados com lucidez, sabedoria e consciência. Como conseguimos isso? Por meio da educação do comportamento financeiro. Lembre-se de que nossas atitudes, escolhas e renúncias têm o poder de fazer com que tenhamos zelo por esse recurso chamado dinheiro e respeito a esse bem valiosíssimo: o tempo.

LINHA DO TEMPO
capítulo 4

1: 1789
» Início da Era Contemporânea

2: Século XVIII
» Revolução Industrial

3: 1929
» A Grande Depressão: crise econômica nos Estados Unidos

4: Décadas de 1960 e 1970
» Popularização dos cartões de pagamento

5: 2020
» Criação do Pix no Brasil

NÃO É O FIM, MAS O MEIO...

Enquanto caminhamos pelas eras, vimos como o dinheiro, em suas muitas formas, moldou o mundo ao nosso redor: das primeiras trocas com sal e grãos, passando pelas moedas de ouro e prata, até os cartões e transações digitais que usamos hoje. Cada capítulo dessa história nos mostra que o dinheiro nunca foi apenas sobre riqueza, mas sobre escolhas, prioridades e relacionamentos.

E é exatamente por isso que a educação financeira é tão importante. Assim como aprendemos com os erros e acertos do passado, é fundamental refletirmos sobre como lidamos com nossos ganhos hoje. Saber poupar, planejar e investir é como ter um mapa em mãos para navegar pelos desafios do nosso tempo. Afinal, o dinheiro continua sendo a ferramenta que usamos para transformar sonhos em realidade.

Então, da próxima vez que ouvirem falar de moedas, cédulas ou aplicativos financeiros, lembrem-se: o dinheiro não tem apenas valor material, mas um papel crucial em nossas histórias pessoais. Assim como esse museu, sua vida também pode ser um espaço em que cada decisão se torna parte de um grande legado.

E ASSIM TERMINA ESTA CANTORIA
QUE COMEÇA NAS QUINAS DO PASSADO
VAI FALANDO DAS TROCAS, DO ESCAMBO
E, DEPOIS, QUANDO O OURO FOI ACHADO
AS MOEDAS DE METAL GANHAM O MUNDO
E UM POUCO DE TUDO FOI FALADO.

CHICO DO BOLSO FURADO

DO DINHEIRO DE CONCHAS AFRICANO
AO PAPEL, POR CHINESES INVENTADO,
DOS JUROS, DAS BOLSAS E DOS BANCOS,
O SUOR DOS BANCÁRIOS É LEMBRADO.
ESSE FOI O ALMANAQUE DO DINHEIRO,
QUEREMOS QUE O LEITOR TENHA GOSTADO.

MANECO NÔMICO

CAPÍTULO 1

Casa da moeda: o local onde são produzidas as cédulas e moedas de cada país.

Cidades-estado: cidades independentes, com governo autônomo. Esta denominação é comum para se referir as organizações políticas da Antiguidade, como Tebas, Atenas e Esparta.

Cunhagem: é o processo de criação das moedas, envolvendo um molde chamado de cunho, com desenho em relevo que será transferido para a moeda.

Escambo: troca de bens (produtos ou serviços) sem que haja dinheiro na transação.

Fazer: é o processo prático, o meio de se obter algo.

Fonte de renda: é de onde vem o nosso dinheiro, a origem dele. Pode ser salário, aluguel, rendimentos, mesada.

Manter: conservar algo que dá prazer, autonomia, segurança, seja material ou não material.

Nômades: povos que não têm habitação fixa e vivem mudando de um local para o outro.

Rota comercial: caminhos utilizados para o transporte comercial de cargas.

Ser: é a essência de cada um de nós, o que somos interiormente. São os valores, as crenças, o caráter, os princípios.

Siclos: padrão de peso e valor comum entre os hebreus.

Sonhos e necessidades: sonhos são agentes motivadores, que nos levam adiante; as necessidades são coisas de que precisamos, inclusive para alcançar nossos sonhos.

Sumérios: habitantes ou pessoas naturais da Suméria, Sul da Mesopotâmia, onde atualmente se localizam o Iraque e o Kuwait. A Suméria é uma das primeiras civilizações do mundo.

Ter: está ligado a tudo que desejamos, sonhamos, necessitamos, seja ou não material.

CAPÍTULO 2

Inflação: é o aumento geral nos preços de bens e serviços em uma economia. O oposto é a deflação, que é a diminuição desses preços.

Nota promissória: pode ser considerada uma promessa de pagamento. Com elas, assume-se o compromisso de pagar o valor que nela está escrito.

A nota promissória nada mais é do que uma promessa de pagamento.

Orçamento financeiro: detalha ganhos e gastos dentro de um determinado período. Na **Metodologia DSOP**, esse orçamento prioriza sonhos e necessidades.

Sonhos: na **Metodologia DSOP**, os sonhos podem ser de curto prazo (crianças: até 3 meses; jovens e adultos: até 1 ano); médio prazo (crianças: de 3 até 6 meses; jovens e adultos: de 1 até 10 anos); longo prazo (crianças: mais de 6 meses; jovens e adultos: mais de 10 anos).

CAPÍTULO 3

Burguesia: é a classe social dominante do sistema capitalista, formada por proprietários de bens ou capitais, como empresários, comerciantes, donos de terras, profissionais liberais etc.

Câmbio: é uma operação financeira caracterizada pela troca da moeda de um país pela moeda de um outro.

Carteiras digitais: serviços que utilizamos para realizar transações financeiras *on-line*, sem necessidade de cartões físicos ou papel.

Credores: pessoas ou instituições que emprestam dinheiro ou concedem crédito.

Devedores: são aqueles que devem algo a outra pessoa ou a empresas (comerciais ou industriais) ou instituições financeiras.

Exportação: atividade de venda, envio ou doação de produtos, bens e serviços de um determinado país para outro.

Financiamento: operação financeira em que a parte financiadora, em geral um banco, fornece dinheiro para a outra parte, de modo que esta possa executar algum investimento específico previamente combinado.

Importação: processo comercial e fiscal que consiste em trazer um bem, que pode ser um produto ou um serviço, do exterior para o nosso país.

Independência financeira: é o estado em que trocamos a renda ativa (salário, pró-labore) por renda passiva (juros). É o momento em que o dinheiro começa a trabalhar a nosso favor, já que não precisamos mais fazer o escambo do tempo com terceiros e assumimos plena autonomia do nosso Ser.

Investimento financeiro: aplicação de capital com a expectativa de um benefício futuro. Além de investimentos nas bolsas de valores, existem muitos outros.

Poupança: um dinheiro que você deixa guardado em um banco e que vai aumentando aos pouquinhos, conforme o tempo passa.

Certificado de Depósito Bancário: neste tipo de investimento, ao invés de emprestar para o governo, você empresta ao banco.

Padrão-ouro: Sistema monetário em que a moeda é convertida em ouro a um câmbio fixo.

Papel-moeda: é o dinheiro oficial de um país. Existem as cédulas de papel e as moedas de metal.

Seguro: de modo geral, é uma proteção contra riscos. Você paga todo mês uma taxa do seguro. E se acontece algum problema, ou você recebe ajuda por meio de um serviço ou recebe um dinheiro bem maior para resolver.

Transações: processos de troca de valores entre duas partes.

Transferência: movimentação de dinheiro de uma conta para outra, seja ela no mesmo banco ou entre instituições diferentes.

CAPÍTULO 4

Banco Mundial: é uma agência financeira internacional pertencente a Organização das Nações Unidas (ONU). A sede está localizada na capital dos Estados Unidos, Washington.

Bens de consumo: bens utilizados por pessoas, famílias, grupos. São considerados bens diretos quando satisfazem imediatamente uma necessidade, como a água, o pão, a bicicleta. Já os bens de produção são chamados de indiretos, como o trigo ou uma máquina agrícola.

Capitalismo: podemos dizer que é uma forma de organizar a economia. Em geral, significa que existem propriedades privadas e ampla concorrência de mercado (ainda que na prática existam vários monopólios, que são empresas ou grupos delas, nesse caso chamadas de oligopólio, que controlam um bem ou serviço específico, de modo que todos os preços são estipulados pelo seu próprio interesse e não regulados pela competição de mercado).

Criptomoedas: são moedas digitais descentralizadas, que podem ser mineradas por pessoas ou empresas (na prática, por diversos motivos, esse processo só é realizado por grandes empresas). São usadas por diferentes grupos econômicos e investidores, mas é um investimento de alto risco.

Débito: em pagamentos eletrônicos, permite descontar o valor de uma compra diretamente da sua conta bancária.

Fundo Monetário Internacional (FMI): organização financeira internacional que realiza empréstimos e resgates para países com dificuldades econômicas.

Juros: remuneração cobrada pelo empréstimo de dinheiro. É uma parte, um percentual em cima do valor emprestado.

Juros compostos: são juros sobre juros. Por exemplo, isso acontece quando os juros são cobrados em cima do valor inicial de um empréstimo e também sobre os juros já acumulados ao longo do tempo.

Mercado financeiro: é o ambiente das instituições financeiras, como bancos, casas de câmbio, bolsa de valores, entidades de crédito, corretoras. Ou seja, locais onde acontecem as transações financeiras.

Reserva estratégica: é o dinheiro que poupamos e guardamos/aplicamos para eventuais imprevistos.

Superendividamento: acontece quando uma pessoa não é mais capaz de quitar suas dívidas sem comprometer sua sobrevivência.

Taxa de câmbio: relação entre moedas de dois países que resulta no preço de uma delas medido em comparação à outra.

Reinaldo Domingos

O autor é PhD pela Florida Christian University, com teses sobre Educação Financeira e Educação Empreendedora embasadas na **Metodologia DSOP** (Diagnosticar, Sonhar, Orçar e Poupar) e no Método EMVI (Empreendedor Vitorioso). É presidente da Associação Brasileira de Profissionais de Educação Financeira – ABEFIN.

Educador e terapeuta financeiro, é autor com mais de 10 milhões de livros vendidos sobre o tema Educação Financeira, que contemplam o long-seller *Terapia financeira* e os livros *Por que enfrentamos crises e não estamos preparados?*; *Nome sujo pode ser a solução; Empreender vitorioso com sonhos e lucro em primeiro lugar*; *Mesada não é só dinheiro*; *Eu mereço ter dinheiro*; *The dreams*; *Ter dinheiro não tem segredo*, *Meu pet cabe no meu bolso*.

Publicou mais de 100 livros voltados para os públicos adulto, juvenil e infantil, entre eles coleções didáticas e paradidáticas sobre Educação Financeira, academicamente comprovadas para o Ensino Básico e adotadas por diversas escolas públicas e privadas. É autor das obras *O diário dos sonhos*, e *O menino, o dinheiro e a formigarra*, respectivamente aprovadas no PNLD (Programa Nacional do Livro Didático) 2022 e 2026; coautor de *Juventude plural – Projeto de vida*, aprovada pelo PNLD 2021 para o Ensino Médio; e coautor de *O Menino do Dinheiro em cordel*, escrita em parceria com o autor José Santos e contemplada no PNLD literário 2018. E recentemente a coleção didática *Aqui Tem! Educação Financeira com Matemática*, para o Ensino Fundamenta e Médio. Reinaldo também criou a primeira graduação e também pós-graduação, e o primeiro programa de mestrado e doutorado em Educação Financeira do Brasil.

É o criador da primeira franquia de Educação do Comportamento Financeiro no país. E idealizou a DFLIX (www.dflix.com.br), plataforma *streaming* pioneira no segmento da Educação Financeira no Brasil, aliando entretenimento e ensino em um ambiente repleto de séries de vídeos para todos os públicos. Em seu canal do YouTube, *Dinheiro à vista*, Reinaldo Domingos fala sobre o tema semanalmente.

José Santos

Escritor brasileiro que pesquisa a nossa cultura popular e a literatura para crianças e jovens há mais de 20 anos, José Santos já escreveu livros sobre temas muito variados, como astronomia, moda, gastronomia, música e futebol. Também tem se empenhado na produção de livros sobre educação financeira, sempre com a parceria de Reinaldo Domingos. O primeiro foi o encontro de um dos personagens de Reinaldo com dois violeiros nordestinos. Eles fazem uma viagem pelo dinheiro na cultura popular, que se torna o livro *O Menino do Dinheiro em cordel*.

José já publicou vários livros nesse gênero, sendo um dos principais a adaptação da primeira novela de cavalaria em língua portuguesa do século XVI, *Palmeirim de Inglaterra*, em parceria com Marco Haurélio e Jô Oliveira.

Publicou mais de 60 livros entre literatura e escrita colaborativa. Foi várias vezes finalista do Prêmio Jabuti e premiado em 2016. Recebeu o selo Altamente Recomendável da Fundação Nacional do Livro Infantojuvenil e já foi selecionado por vários editais, como o Nossa Biblioteca (PMSP), PNBE e PNLD (Ministério da Educação).

Trabalhar no *Almanaque do Dinheiro*, fazer essa viagem pela história e pela geografia do mundo foi menos trabalho e mais diversão. É como se ele estivesse lá com os personagens, passando de sala em sala e aprendendo tudo de mais importante que aconteceu em relação ao dinheiro, desde a Antiguidade até as moedas digitais.

Orlando Pedroso

Paulistano, o aquariano Orlando Pedroso nasceu em um sábado, no dia 14 de fevereiro, em plena semana de Carnaval. A criatividade sempre acompanhou seus passos. Ilustrador, cartunista e artista gráfico, publicou seus desenhos pela primeira vez no jornal alternativo *Em Tempo*. Logo depois, foi morar na Europa, onde ficou por três anos e meio. Na volta, colaborou com o jornal *Folha de S.Paulo*, de 1985 a 2011, e também com grande parte das publicações da imprensa brasileira, incluindo editoras de livros infantojuvenis.

Já ilustrou mais de 80 livros infantojuvenis e é coautor, ao lado de Christiane Gribel, de *Não vou dormir*, finalista do prêmio Jabuti de 2007 nas categorias "ilustração" e "melhor livro".

É coautor do *Livro dos segundos socorros*, dos Doutores da Alegria, além de ter sido responsável pela criação das peças de comunicação da entidade durante 14 anos.

Também se dedicou aos livros infantis: é autor de *Vida simples*, *Ueba!* e *O menino que ouvia as coisas falarem*, todos pela Editora Global. Pela editora independente Fantasma, lançou *Moças Finas*, *Árvres* e *Gordinhas*.

Em 2014, foi a vez de mais um sucesso pela Editora Global: *Filosofias baratas me são as mais caras*, finalista do Prêmio Jabuti. Pela Editora Elo, é autor de *Bú!* e *As Torres*, este finalista do prêmio da Associação de Escritores e Ilustradores de Literatura Infantil e Juvenil (AEILIJ). Em 2001, 2005 e 2006, ganhou o prêmio HQ-MIX de melhor ilustrador.

Orlando participou de diversas exposições, momento em que o público pode apreciar trabalhos como *Olha o passarinho*, *Como o diabo gosta*, *Uns desenhos* e *Ôtros desenhos*. Em 2007, o artista foi homenageado no Festival Internacional de Quadrinhos (FIQ), de Belo Horizonte.

Foi presidente do 16° e do 17° HQMIX em 2003 e 2004, e faz parte do conselho diretor da Sociedade dos Ilustradores do Brasil (SIB). Para a SIB, organizou por 10 anos o evento IlustraBrasil!, o maior fórum de discussão sobre desenho impresso da América Latina.

Craque em artes gráficas, é péssimo em finanças. Mas está tentando aprender...

dsop
editora